晚清民國名人志

從康有為到張大千

陸丹林 原著 · 蔡登山 增訂

陸丹林

導讀　陸丹林和《晚清民國名人志》

蔡登山

陸丹林，字自在，號非素，齋名紅樹室，廣東三水人。陸丹林廣額長臉，身材瘦長。據鄭逸梅說他一目失明，以瓷目代之，宛如天成，人罕知之。他一足微跛，係早年遇盜，他大膽抵抗，為盜開槍所傷。幼年就讀於家鄉達立學堂，因在祭孔時拒絕充當陪祭並反對行禮，被校方記大過一次。後入廣州朱執信任校長的培英學校。一九一一年黃花崗之役前夕，加入同盟會，在此期間他結識了一些國民黨中「元老」級的政治人物，曾有過一段短暫的從政經歷，一九一八年，任職廣州軍政府。他學西醫一年多，後來到上海，住中國寰球學生會宿舍，得識該會主幹事朱少屏，並尤其介紹加入南社。並開始從事報刊編輯，先後曾主編許多報刊雜誌。尤其以文史和書畫刊物而聞名，堪稱是當年國內和港澳兩地的第一「名編」。

陸丹林主編的刊物，有《人之初》、《中國晚報》、《大光報》、《國畫月刊》、《蜜蜂畫刊》、《廣東文物》、《道路月刊》等刊物。但其中為人們耳熟能詳並津津樂道的是《逸經》和《大風》。《逸經》，一九三六年在上海創刊，是半月刊的文史雜誌。簡又文任社長，由謝興堯任主編，社址在滬西愚園路的愚谷邨。一九三六年底，謝興堯以體弱多病，加上不習慣上海的生活，編輯工作的繁劇，而辭職北上，所以從第二十二期起，由陸丹林繼任主編。陸氏乃將內容大加調整，如「逸經」、「文學」、「建國史實」、「今代史料」、「太平文獻」、「藝林」、「考據」、「詩詞」、「人志」、「特寫」、「紀遊」、「小說」、「掌故」、「秘聞」、「史乘」等。撰稿人有俞平伯、周作人、葉恭綽、陳子展、謝國禎、王重民、柳亞子、胡寄塵、郁達夫、林語堂、宋春舫、趙景深、瞿兌之、金息侯、徐一士、徐蔚南、謝冰瑩、李青厓等，均一時名作家。還有馮自由與劉禺生，也是《逸經》的臺柱。馮自由根據他自身的經歷與見聞及其在民初「稽勳局」局長任內而彙集的資料，分段寫成《革命逸史》。劉禺生曾為兩廣監察使，每期寫《洪憲紀事詩本事注》，每事作七絕詩一首，加以註釋，並附有圖片，專記袁世凱竊國稱帝事。馮、劉之文，先在《逸經》連載，後來才刊行單行本的。

鄭逸梅說陸丹林對於名作家特別尊重，如周作人要求保留原稿，不得沾污，陸丹林特委事務人員為之謄鈔，以副本發排，原稿奉還。且凡名作家，每篇刊出，將該文多印二十份，寄給作者，俾作者保存。續有所作，即續為覆印，積多了，裝訂一下，儼然為一單行本，這個辦法很博得作者的歡迎。

《逸經》在宣傳抗日，曾與《宇宙風》、《西風》聯合出刊了《宇宙風・逸經・西風非常時期聯合旬刊》。之後迫於形勢，這幾個雜誌的骨幹成員，又避聚香港，於一九三八年三月五日共同創辦了《大風》雜誌（初為旬刊，第七十二期改為半月刊），由著名作家簡又文和林語堂任「大風社」社長，陶亢德和陸丹林任編輯。夏曼（陶亢德）在

〈香港的雜誌〉文中說：「香港之有『海派』雜誌，恐怕要推宇宙風逸經社合辦的《大風》為開山祖了。……簡君舉家遷港，烽火漫天，而辦雜誌之心不死，函邀《逸經》編輯陸丹林君去港，並請宇宙風社合作，於是一陣大風，遂起於香港」。《大風》為抗戰期間在「精神上智識上」感到貧乏的讀者，提供文化滋養和精神食糧。內容方面，「為適應時勢之需求」，故「由一元而演為多元」，其中包括文藝創作、書評、譯文、專著、史實掌故、各地通訊、漫畫等。但從第十期開始陶亢德和林語堂的名字就從編輯名單消失了。

《大風》最為人所知曉的是在一九三九年三月五日第三十期刊出郁達夫的《毀家詩紀》，全組詩共二十首，其中七絕七首、七律十二首、詞一闋。這些詩詞當是郁達夫一九三六年春至一九三八年冬陸續寫成，並經多次修改，最後加上注文，每首詩後注文詳細記述他與王映霞婚變的過程，淒惻動人。王映霞以詆語太多，心不甘服，也如法炮製，做了許多詩，附有注釋，反唇相譏，交給陸丹林發表，那就是刊於第三十四期的

〈一封長信的開始〉。只是陸丹林覺得太失達夫面子，便僅登了詩，注釋都被刪掉，王映霞對此認為厚此薄彼，有失公允，頗不以陸丹林為然。

陸丹林性情不隨流俗，做事往往與眾不同，個性獨特，好惡分明。據鄭逸梅回憶，陸丹林死前數月預寫遺囑，別具一格，說：「我離世後，遺體送殯儀館，不要再穿衣服，也不要整容，這是愚蠢人所做的笨事，切勿盲從，否則是糟掉物料，對死者無補，對生者有損。遺體送到殯儀館，自行結帳，定於何時火葬，不必管它。這樣做得灑脫，省卻許多無聊瑣事。骨灰不要取回，交托殯儀館即可。因為它沒有一些用處，反成累贅的廢物」。

由於陸丹林經歷變革時代、又與革命人物多有往還，近水樓臺，收集當時資料以及文獻，故得以造就相關著述亦豐，著有《革命史譚》、《革命史話》、《當代人物志》、《從興中會組織到國共合作史料》（據鄭逸梅說，該書稿約二十萬言，其中頗多珍聞秘事，外間從未發表，材料十之七八，是由陳少白、于右任、譚延闓、徐季龍、汪精衛、唐紹儀、馬君武、馮自由、居正、葉恭綽、鄒魯等口述，由他筆錄，惜乎沒有刊成，稿都散失了。）、《新文化運動與基督教》、《孫中山在香港》、《美術史話》、《紅樹室筆記》、《楓園瑣談》等，其他散見於各報刊的文章甚多，十之八九為文史資料。

其中《當代人物志》一書共有十五篇，分別是：康有為與李提摩太、吳佩孚與楊圻、林語堂與周樹人、詩壇耆宿陳三立、標榜文治徐世昌、苦學成名馬君武、敢作敢為徐謙、落華生許地山、老子軍創組人張一麐、詩言志的葉恭綽、全能畫家張大千、雕刻家劉開渠、開路先鋒趙祖康、「六不將軍」陳孝威、婦女運動先鋒張竹君。陸丹林談到這些內容說：「有些是偏重某一個人的一方面而非全貌的，有些是合寫兩個人的關係，反映各個人的特性，有些是綜合各家的記述而考證他的得失異同。寫法各別，文體自然也不一律了」。儘管如此，但此書史料價值仍高，就如同作者在〈序〉中所言：「其中所寫述的，十之八是作者的朋友，大家時有往來，他們的生活逸事，知道很多，寫來似更來得清楚親切。絕非用耳代目，甚至憑空渲染些事蹟來聳人聽聞的所能比擬」。

陸丹林在香港辦《大風》期間結識高伯雨，高伯雨一九四二年一月二十日日記云：「等到八點鐘還不見饒宗頤來，乃往其寓所訪之，稍坐就一齊同出，往訪陸丹林，看他是不是接受日本人的『照顧』，一如外間所傳。丹林在香港住了四年多，他的寓所從來不告訴任何人，人們都知道他的脾氣，也不動問」。

一九六六年，陸丹林在上海，高伯雨仍居香港，此時有朋友勸高伯雨辦一份文史掌故刊物，高伯雨即辦起了《大華》。一九六七年三月第二十五期《大華》開始連載《世載堂雜憶續篇》。據高伯雨後來的回憶說：「其時文化大革命已春雲初展，陸兄還能和我通信無阻，他說他剪存有雜憶全份無缺，可以把未收入單行本的部分抄來給我登刊。自二十五期起登出，標題作《世載堂雜憶續篇》，下屬『劉禺生遺著，雋君注釋』。雋君者，丹林先生化名也。他相識劉君在前，我相識在後，由他注釋再好不過。一共登載十期把全文刊完」。

高伯雨說劉成禺（禺生）的《世載堂雜憶》有補編，其實該書在劉成禺生前並無單行本印行，此書稿後來由錢實甫整理，一九六〇年由北京中華書局出版，收為「近代史料筆記叢刊」之一種。後來還有台北文海版、台北長歌版、山西古籍版、遼寧教育版。然這些版本完全根據中華書局版。但當時錢實甫在整理編輯此書時，可能有他的取捨標準，因此有許多文稿並沒有編入。

高伯雨說當年香港有位喜歡翻印書的朋友找他商量，要就《大華》所登的《世載堂雜憶續編》排印出版單本，他也竭力贊成，但終究未果。二〇一〇年，我就《續編》重新排版，補入原有的書稿之後，成為「全編本」《世載堂雜憶》（秀威資訊出版），如此讀者當可得窺全豹，而無遺珠之憾矣。只因劉成禺、陸丹林、高伯雨都是我敬佩的作家，因而成就此一段因緣。

高伯雨寫道：「一九六五年十一月，我籌辦《大華》半月刊，丹林答應寫稿來給我，條件是用我的筆名發表，稿費匯給他。《大華》出版後三個月，『文革』出現，丹林就不敢再寄文章來，但他積存的還有廿多篇，發表後稿費絡繹匯去」。一九六六年七月十九日陸丹林給高伯雨的信，其中云：「以後來函，千萬不要附有印件，有印件的不必附函，以免發生誤會，亦不必談及寫稿事，因我久不寫稿，更不為海外寫稿也。前存尊處小款（指代賣書的），匯出時，我收必知之，也不必提及」。表明形勢之險惡到了不能「享有通信之自由」了。

高伯雨說：「到一九六六年八月後，『風聲日緊』，他來信示意，我不可匯錢去，免生麻煩，後來就不通音問了。他的文章在《大華》刊登後，我就撕下來來套入信封寄給他，不久，他又叫我別寄到他家去，寄給余十眉，余君收到後會交給他的」。至此，我們今天就可以理解續篇前言那個障眼法的落款「一九六六年九月，雋君記於香江寓樓」的苦衷了。

《當代人物志》是陸丹林的人物寫真，雖是篇幅短小，但可說是精品。主要原因是他寫這些人物，都是親見親聞的，因此拈筆寫來，特別親切有味。其記事敘情，歷歷如在眼前。既可說是珍貴史料，又可增長見聞。筆者寶愛多年，今重新整理，饗之同好，除校正其錯訛之字外，又就其中所未詳盡其意之處，補寫八篇文章。或可對該人物的史料做一補充，或對史事做一辯誣。隔代有知音，此當為陸氏所樂見者，而可免續貂之譏。因涉及之人物，皆為晚清民國，更名為《晚清民國名人志》，以符內容也。

《當代人物志》序

十多年來，我除了固定的工作之外，公餘好研討近百年的史事。近代人物的生平行誼，是史料構成的要素；因之，對於近代人物，不得不特別的注意了。

曾經有好幾次和研究歷史的文友相談，感到上古史、中古史等史事，多有懷疑。因為其中不盡不實的資料實在太多了。即如近代史，時期本來和日前相距不遠；但是，實際的一一考據起來，顛倒是非的寫述，相信也不少。尋根探緒，原因非常複雜。只就近代坊間所出版的關於黨史一類的書來說，根據我們研究的結果，已經發覺其中錯誤百出了。國民黨前身的興中會成立至今，只有五十三年的歷史，身歷其事的人，現在還有不少的健在，而各方所寫述的史事，尚且有許多的錯誤，其他較早較又複雜的史事，他的實際性怎樣，也可以推想了。因此我之所寫史實，立著一個原則，即「寧抱憾於遺珠，毋貽譏於亂玉。」換一句說，就是因為材料的關係，寧可寫述稍簡略，或者不能夠詳盡，但是絕不肯牽引些道聽塗說甚至虛偽的故事進去，這是可以相信的。

古人說：「鑑往知來」，歷史是未來的一面鏡子。我們從各人的治學經過，生活行為和他的詩文語錄，多可以做對於某一個人認識的根據，利用他們實際的知識與經驗，從現實的社會事業中對照，等於一面鏡子。

這本小冊子的內容，有些是偏重某一個人的一方面的而非全貌的，有些事合寫兩個人的關係，反映各個人的特性，有些是綜合各家的記述而考證他的得失異同。寫法各別，文體自然也不一律了。

其中所寫述的，十之八是作者的朋友，大家時有往來，他們的生活逸事，知道很多，寫來似更來得清楚親切。絕非用耳代目，甚至憑空渲染些事跡來聳人聽聞的所能比擬。

各篇文稿，並非成於一時，所述各人，用名用號，或者名號併用，沒有一定，並且一律沒有加以稱呼。這是因著行文之便，並無其他原因。

本書是先印行的第一冊，以後有機會的時候，準備陸續的整理原有的文稿出版，希望文友們多多的指示。

末了，書中所寫述的倘有錯誤之處，希望讀者們指教，使得再版的時候改正，這是我所衷心的企望的。

陸丹林　卅六年、八、二十，上海。

目次

康有為與李提摩太

康有為

李提摩太

康有為們的戊戌政變，從發動而至失敗，其中關鍵，英國人基督教傳教士李提摩太實有直接的關聯，一般人的評論此役多以為只是康有為、梁啟超及康廣仁、譚嗣同、劉光第、楊深秀、楊銳、林旭等人而已（雖然尚有一部分的人同受株連），其實康等這次的動機，是受了李提摩太的言論所影響的。梁啟超敘述康有為的生平有說：「當以其間道出香港、上海見西人殖民地政治至萬州，屬地如此，本國之更進可知。因思其所以致此者，必有道德學問以為之本原，乃悉購江南製造局及西交會所譯出各書儘讀之」等語。所謂西教會者，指英美基督教士在上海所辦的文字佈道機構的廣學會而說。

李提摩太主持廣學會是在一九九一年開始，除了繼續編印《萬國公報》等之外，譯注了許多新書，如：《救世教益》、《泰西新史攬要》、《自西徂東》、《興學心法》、《中東戰紀本末》、《救華卮言》、《醒華博議》、《邦交提要》、《理財節略》、《保華全書》、《新政策》、《富民策》、《富國真理》、《足民策》、《廣學與國策》等數十種，均針對中國當時需要，而應該從速改革政治，總能夠富國裕民，和世界先進國家並駕齊驅。

康梁們自號維新派，對於推行新政的結果如何，暫時不去研討他。可是他們對於外國語文，完全不懂，他們所得的世界知識，全由閱讀製造局和廣學會所譯注的圖書而來，因之他們得了新知識，著書立說條陳（鼓吹）新政。他們的政治思想，即維新政治，受了廣學會所譯著的影響極大。康於一八九五年（光緒二十一年）在北京和李提摩太晤面，大家暢談改革中國政治。關於維新運動，李氏提供意見很多。維新派組織強學會，上海、南京、杭州、天津、武昌等地也有分會成立，李氏劻助之力不少。強學會所辦的《中外公報》，多轉載廣學會新出版的圖書文字。強學會為著宣傳新政，搜集時論印《時事彙刊》，內中所收的論文，梁啟超有四十四篇，康有為有三十八篇，李提摩太有三十一篇。有一天，李氏在北京想請一位華文書記，梁啟超竟自告奮勇去擔任。載湉（光緒帝）召見康有為，命康有為所著的書盡數呈進。康把《日本明治變法考》，《俄大彼得變政致強考》，《突厥守舊削弱記》，《波蘭分滅記》，《法國革命記》等當代外國史事，其中資料多是從廣學會出版的書，取材料，選述而成的。從這些事實來看，李提摩太的言論著作，對於康梁們的直接影響也可知了。

原來廣學會所主張表示的主旨是：譯著宗教、科學、政治及各種有益圖書，開通人民知識，改良中國社會，溝通中西感情，灌輸歐美文化。當著維新運動正在蓬勃澎湃的時期，有一次，翁同龢邀請李氏會面，請李陳述改良中國的政見。李就提出中國急需改革有七大要端，要是能夠推行，可收維新實效：一、朝廷當聘請兩位西人為顧問。二、設議政部，滿漢人員四位，另聘四位西人，熟於政治學識者為陪員。三、幣值改革，有確實金位，不濫發紙幣，免使經濟破產。四、築路開礦，興辦實業。五、改良教育，多設各級教育，多設各級大中學堂，仿行西法。六、擴充新聞報紙，以廣民智。聘西人輔助華人為主撰。七、整頓海軍陸軍，使收實用，可以平內亂而禦外侮。李氏這些政見，都和維新派有互相呼應的。載湉和孫家鼎讀了李著的《泰西新史攬要》，想著聘李出任同文館總理。

上海的開辦新式女學堂，除了教會所辦的之外，國人自己辦的要算一八九七年（光緒廿三年）經元善所創設的女學是最早的了。李氏的太太充任監學，等到後來戊戌政變，那拉氏再度垂簾聽政，上海各界聯名反對那拉氏的所為，是由上海電報局長經元善領銜，竟遭清酋下令拿辦。經夫人便將女學拖交李太太管理，避免被清廷封閉。經氏夫妻倆即逃到澳門香港去暫避。

在政變之前的夏間，康曾數次和李商討改革清政，大家互助合作，並薦李充任清帝顧問。到了八月，保國會催促李氏晉京就職。本定在九月二十三日（陽曆）引見李氏就顧問職，怎知還沒有到期，滔天大禍，突然洶湧，政變事件發生，整個局面，完全改變。跟著維新派人，死的死，逃的逃，革職的革職。霹靂一聲，維新政治，變了守舊弄權，成了中國歷史上政治轉變的一幕。事後，李氏對於這次維新派的失敗，改革沒有成功，是因為一般人失於激烈，過於急進。他曾勸告從事改革政治運動的人，須用和緩方法開導守舊派，並啟迪皇太后，而後才可以成功的。他有論列戊戌政變的事，寫信寄給住在香港的一位中國朋友說：「論現在救中國的問題，我是盡力所能，但滿人仍喜黑暗，阻擋光的照亮。也不肯聘請實心愛中國的西人，作他們的助手。再是：有些中國大僚過於守舊，還印刷書籍，造謠毀謗西來的善士。而他們心中所期望的的西學西法，是海陸軍的戰術，槍炮的製造。想用西法對抗西法，敵抗西人，時有排外的思想，要把外人逐出中國。若是抱存這種相爭不和的野心，所以上帝不願將保民的權柄，常交託在他們手中。因為這種思想，實是破壞中國的思想。無論是中國，是列國，若不維持和平，想用武力強權，為政治根本，未有不失敗者。但願中國在改革時期，要和睦人民，不外常常講求如何和睦，中外以誠相交。這樣那一切幸福，必然相因繼續的而來了。凡係當國的，若以利益為先，公義為後，不問你的國如何大，如何強，沒有能恒久不敗的」。

從李的這番話看來，弦外之音，非常婉轉的。慨乎言之，李氏不滿於清酋和官僚的守舊頑固劣根性，以見一斑。

梁啟超的《變法新議》第三節〈論變法不知本原至害〉有說：「悯乎英士李提摩太

之言也。曰：西官之為中國謀者，實以保護本國之權利耳。余於光緒十年回英，默念華人博習西學之期，必已不遠。因擬謁見英法德等國學部大臣，請示振興新學之道，以儲異日傳播中華之用。迨至某國，（丹按：這次李氏回英，曾順到法德兩國，此似是指遊德而說）投刺晉謁其學部大臣，叩問其校新規，並請給一文憑（護照），俾遊遍全國大書院（大學）。大臣因問余考察新學之意。余實對曰：欲以傳諸大中華也。語未竟，大臣艴然變色曰：汝教華人盡明西學，其如我國何？其如我與各國何？文憑遂不可得」。

這是反映維新運動與李氏的宣傳都有密切聯繫。

戊戌政變失敗，北京市上，發生流血慘劇，即謂「六君子」殉難。康有為事先得了載湉的密旨，倉皇的祕密出京。康乘輪南下到達吳淞轉香港以後，即連續寫了四封信給李氏，追述這次事變失敗的癥結經過真相，並托李氏在京就近代為收拾殉難志士的遺骸。摘錄第一封信，以見一斑。

〈康有為致李提摩太函〉：

李提摩太先生閣下：四日一別，並言敝國宮廷之變。僕是日受皇上密詔，令設法求救，而貴公使不在，事無及矣。五日，即有大變，致我聖明英武力變新法之皇上被廢，並聞旋即弒矣。嗚呼痛哉。偽臨朝太后，淫昏貪毒，守舊愚蔽，乃敢篡位幽弒，自稱訓政。夫天無二日，民無二王，安有臨政二十四年天子，英明變法如此，而待訓政者哉。我國經義，帝者以嫡母為母，不以庶母為母。偽太后在同治，則為生母，在今上則為先帝一遺妾耳。豈可以一淫昏之宮妾，而廢聖明之天子哉。淫后毒死我顯后，酖死我毅后，憂怒而死我穆宗，今又廢弒我皇上，真神人所共憤，天地所不容者也。向來阻抑新政及鐵路三千萬，海軍三千萬，皆提為修頤和園；昭信股票，則起天津行宮，致國弱民窮，皆由於此。將來以國託與別鄰，則不為敝國之憂，亦地球大局所關也。僕身經十死，荷蒙貴國保護，得全性命，俾傳密詔。伏乞轉求貴公使電達貴政府，主持正義，保我皇上聖躬，全我皇上權力，施我大德，感且不朽。我皇上必將有格外圖報，以扶亞東大局，抑貴國實利賴焉。謹為我在貴公使前謝保護之德，謹代我大皇帝求救，惟垂哀察。名另具。

戊戌後二十六年，康有為題跋〈戊戌與李提摩太書〉有說：「……李提摩太君，英教士之仁者也，與吾交久，吾薦之上，將令在懋勤殿行走，以政變未成，李君以電救吾於總領事白利南。白君未之言自總領既救我，相見於兵艦……及甲寅歸國來滬，李君開會歡迎，吾演說大同……」亡友程伯葭（淯）收藏康給李的信，對於李之營救康出險經過，更有詳細的敘述，如云：「光緒丁戊之間，余佐英人李提摩太君辦上海廣學會。七月二十四日，李君與余航海北行，月杪至京，寓英公使署，適英使避暑外出。翌晨，乃遷至米市施醫院。八月三日午後，康先生來言，新政施行甚難，吾頃奉諭旨，辦上海官報，明日將南下矣。吾欲乞友邦進忠告，而貴邦公使又不在京，至可惜也。李曰：竟不能調和兩宮乎？康曰：上行新政，盈廷衰謬諸臣恐被罷黜，哭訴太后。太后信之，致橫生阻力，夫復調和之可言。六日午後，梁啟超偕徐君仁鏡來，兩人抱頭而哭。李曰：哭胡為者！宜速謀補救之策。余曰：究竟現在情形若何？梁曰：垂簾之詔已頒，有廷寄與沿江海督撫，務獲康先生而甘心焉。譚復生等亦已不入內，無所謂新政矣。倉皇間拭淚而別。忽容純甫（閎）來函，言政府緹騎四出，梁氏甚危，能為之地否？李曰：梁固知趨避者，毋煩余為盡策也。作答書竟，負手倚門立，有頃，以淡巴菰一枝貽余，而自吸其一，與余對面坐於短榻上，謂余曰：西人之覘國者，皆言貴邦政治已入正軌，循序以進，不難富且強，不圖有此挫折。余曰：全國風氣不開，諸頑固黨群附太后，欲革新政治，豈易易者，雖然，康先生恐不免矣。李曰：在海船中，當無恙，到上海，則其危險矣。余曰：上海貴邦總領事白理南君，非吾廣學會會長乎？李曰：然，但能否盡力，不可知耳。余曰：萬國皆保護政治犯，先生盍發一電以救之。李不語，久之，曰：電可發，恐無補耳，且不知所附何船。若在華法界登陸，則敗矣。余曰：亦惟盡心焉耳已。李頷首者再，凡數易稿，乃授余曰：知此事者，惟吾兩人，宜深祕之。余雖無憚於貴邦政府，惟在貴邦多交際，則亦不得不爾。余且諾且攜稿外出發電而回。英領事白君得電，請示於倫敦政府英首相沙士勃雷，俟覆電允許，乃派工部局員濮蘭德乘兵艦至吳淞，得康先生於重慶輪船，乘風破浪，直抵香港，是為康先生出險之始。……」

這兩段話真是珍貴史料，李與康梁們的維新派的密切往來事實，赤裸裸表露了。

後來，李氏因年老由華回英休養，第一次歐戰結束，梁啟超遊英，舍館剛定，謝絕一切酬應，即往拜訪李氏。梁對人說：「到英後，有多人邀請宴會演說，但我先訪李老博士的寓所，想來早會。因博士為吾人維新運動的一位良導師也。」由此看來，李提摩太與康梁們的戊戌政變關係怎樣，更可瞭然了。

李提摩太，一八四五年，生於英國南威爾斯省法爾的布里尼村。畢業哈弗為西浸禮會的神學院。一八七〇年到上海，歷在山東、山西、北京等地傳教。其在華工作較有成績的，一為主持廣學會的譯述工作，一為辦理山西大學堂。一九一九年四月十七日病歿於倫敦，享年七十四歲。

附錄　康有為玩假古董

蔡登山

一八九八年戊戌變法慘遭失敗，「六君子」被殺，康有為和梁啟超則逃亡海外多年。從一八九八年到一九一四年間，康有為四渡太平洋，九涉大西洋，八經印度洋，泛舟北冰洋七日，先後遊歷美、英、法、意、加拿大、希臘、埃及、巴西、墨西哥、日本、新加坡、印度等三十多個國家和地區。後來吳昌碩曾為他治印，文曰：「維新百日，出亡十六年，周遊大地，遍四洲，經三十一國，行六十萬里」。

康有為打著保皇的旗號，向各地華僑募集不少金錢。但他並沒有將這些錢用來做營救光緒皇帝之用，而卻拿去滿足了他的「古董癖」。據說當時新加坡有位巨富叫邱菽園的，曾斥三十萬兩銀子交給康有為供保皇黨發動唐才常起義之用，而等到唐才常起義失敗後，才知邱所捐的這筆錢，唐僅得到三萬，其他二十七萬都被康有為拿去買古董去了。而有次保皇會在海外募得基金一百萬美元，也曾以十萬美元給康有為作遊歷各國「考察政治」之用，他以此款購買了不少中外文物、古董。

因此，康有為遊蹤所至，中外古董商和掮客嚮導之流，如蟻附羶，總是尾隨一大群的。而當他返國之後，自是滿載而歸，有來自南洋的鱷魚標本、耶路撒冷圓頂清真寺模型、伯利恒握筆盒、歐洲獵童漢白玉雕像……一件件濃烈異國風情的文物。康有為遊歷世界期間，每至一處必去當地博物館遊覽。異國文物之盛貌讓他自慚形穢：「我國之大，以文明自號數千年，而無一博物院以開民智。歐美人每問吾國博物院，事為赧然面赤，奇恥大辱未有甚於此者。」因此在流亡海外期間，他購買了不少文物，當時便計劃回國後開設博物館。

康有為自稱「天遊散人」，他把從世界各地搜羅來的洋古董，分別陳設在青島的

「天遊園」和西湖別墅。於是，他自翊「聚百國之寶書，賅九流之學說」。散原老人陳三立還贈詩讚他：「歷從絕島求靈藥，獨獲微言證寶書」。而這在當時是可以誇耀時流，嚇唬當代名士的，因為當時連「兩牙」（即葡萄牙和西班牙）都分辨不清的士大夫們，他們何嘗見過這些洋古董，開過這些洋葷呢？

康有為曾分別以所集洋古董餽贈門弟子，並鄭而重之地為文以記此一「盛事」。就他文中來看他的贈品，如：他將視為奇寶的一個貼滿了各國旅館招貼的破皮箱贈與弟子壽文；以瑞士放孔園贈的一扇和美國黃石公園文石一件贈與弟子徐君勉；以火山灰石一件、黃石公園文石二件，贈與梁啟超之女令嫻；另以礦石數件分贈弟子伯惠等。像這樣連破皮箱、火山石都視若瑰寶，可以想見康有為所收集的洋古董的範圍之廣和品質之低了。

但在中國古董的收藏中，有一部分是康有為花了錢買來的，有些則是巧取豪奪或騙來的。例如，清末與樊樊山、朱祖謀、況周頤號稱清季「四大詞宗」的鄭文焯（大鶴）死了，身為好友的康有為，他知道鄭大鶴所藏的宋版書不少，又打聽得大鶴的兒子恰巧不在家，於是便一把眼淚，一把鼻涕的跑到鄭的靈前去弔祭。弔祭完以後，便對鄭的姨太太說：「大鶴生前曾答應過送我幾部書，如今他亡故了，我今天特來取去，用以紀念我最尊敬的老朋友。」可憐這位姨太太在悲痛之餘，哪裡會往壞處想，更不知宋版書的價值，素來只知康先生是當代大名鼎鼎的人物，能如此悲痛的來弔祭故世的丈夫，已屬殊榮，要幾本舊書算得了什麼，何況又是亡夫生前答應過的。於是便將藏書籠篋打開，任由康有為飽載了許多宋版書而去。等到鄭大鶴的兒子回來，才知道上了大當，便不待服滿，立刻趕去找康，想取回被誆騙的那些宋版書。誰知康的手法更高明，每天設最豐盛的筵席宴請他，還寫了一些詩文贈給他，每一提起從前和他老太爺的「深厚」交情，便如淚人兒似地哭得悽慘萬狀，結果弄得鄭大鶴的兒子總是開口不得，只好垂頭喪氣而歸。

張大千也說他老師清道人李梅庵曾花四百元買到宋代陳希夷的一副對聯：「開張天岸馬，奇逸人中龍」，剛在家裡掛出，就被康有為看見了，硬是借了回去。後來李梅庵去世，康有為只送了一副輓聯和六元大洋的奠儀，借去的陳希夷對聯卻不還。李的老朋友曾農髯氣極了，寫信給另一老朋友沈曾植說，梅庵身後這麼窮，康有為太對不起老朋友了，他如果不把對聯還給李家，我要請律師打官司。最後費了九牛二虎之力，方才把對聯要回來。

康有為晚年還發生一件「盜經」風波，那是一九二三年十一月，他應陝西督軍兼省長劉鎮華之邀去西安講學。其間去遊臥龍寺，該寺藏有一部南宋平江府延聖院摹刻的磧砂《大藏經》，十分珍貴。康有為見經卷殘缺不全，又生書魚，而邊頭竟被人剪作鞋墊，便說：「此經已如斷玉，若不即刻搶救，將成齏粉。」該寺住持早就有付梓打算，但困於資金短缺。康有為趁機提出由他籌集資金，整理補齊後，運往上海以珂羅版重印，住持欣然答應了。但前往運經的劉鎮華的部下，不懂得佛經版本，進了藏經閣之後，見到經卷就搬，偏偏康有為和該寺住持都不在現場。寺中僧人發現短少了經卷，就找康有為查詢。康有為聽了之後，覺得這不是什麼大不了的事，將拉錯的幾本經卷退還就是了。但眾僧不答應，認為是康有為蓄意渾水摸魚，一時輿論譁然，聲討康有為「圖謀不軌」的行徑。又推舉省議員起訴至地方法院。法院立案後，派法警持票前往中州會館，想要拘捕康有為歸案，但被阻止了。人們氣憤至極，團團圍住會館，以防康有為攜經逃跑。事態發展至此，康有為十分生氣地說：「有些人不明真相，捕風捉影，胡罵亂咬，我康某不予計較。若打官司，康某倒願奉陪，敝人要在大堂之上討個公道，還我清白！」但最後，他還是十分冷靜地在南歸前派車將經送還臥龍寺。對於此事，學者章立凡在〈康有為「西安盜經」的真相〉文中有不同的說法，他說他當年在康同璧（案：康有為的女兒）家密室，非常震撼地見到貼著封條的楠木書箱，箱上用墨筆寫著「大藏經」三字，就是康有為生前從陝西運回的那部磧砂版《大藏經》。章立凡說：「毫無疑問，《大藏經》是混在幾十大箱的秦磚漢瓦中蒙混過關的。想當年，康有為在陝人聲討之下，鎮定自若，在歸還大部分佛經的同時，擇其精品，藏於行囊，同時故意丟棄部分於路途，以轉移陝人目光，遂得從容挾寶出關，可謂謀勇兼備，卒告成功。」

康有為所藏古書畫豐富，他特別輯印了一冊《萬木草堂藏畫目》，看內容，盡是宋元明各大家的墨寶，真的會令人對他收藏之富，欽佩羨慕不置；但真正了解那些貨色的內行人，則為之竊笑不已。康有為又自認為他是歷史人物，凡經他題過或鑑定過的古董，雖是假的，後人也必定認為是真的，而且會加以珍藏，於是他就學乾隆皇帝一樣，見字畫就題跋，一題就是洋洋灑灑一大篇，弄得原物面目全非。好在都是假的，否則才真是糟蹋名作！

吳佩孚與楊圻

楊圻

吳佩孚

執起筆來，想略寫楊雲史的生平，便聯想到吳佩孚（字子玉）來，因為楊與吳二人有特別關係，於是就一同談談吧。

我們評述吳氏，先要知道他的歷史，園田一龜的《新中國人物志》裡對他的標題：「山東之第一武人——俊傑吳佩孚」，吳在失敗後，日人對他的軍功，已推崇備至，書中所敘事實，如云：

吳佩孚在山東武人中，乃唯一之俊傑，以聲威煊赫，聞於天下之直隸派總帥也。毀譽褒貶，雖隨其勢力之消長而來，其為中原之偉大人物，固未能否認也。山東之武人雖多，但真有武人之典範如彼者，初不多覯。王占元、靳雲鵬、張懷芝等，本係老前輩，但終不能與吳佩孚相比較。盧永祥、孫傳芳之徒，雖有多少酷似之點，仍不足同日而語，單就彼於山東武人中，嶄然露其頭角之處，在現代中國之軍人界覓之，實無其匹……吳佩孚本為秀才，投筆從戎，入清末名將聶士成麾下；因義和團事件，聶氏故後，乃受段祺瑞之薰陶，學於保定武備學堂，時靳雲鵬、李成霖皆其教官。後充張敬堯之部下，意見不合，乃藉靳雲鵬之推薦，轉於曹錕部下任營長，時當曹錕之第三鎮在長春。辛亥革命隨曹錕入關，破山西革命軍於娘子關。其後，守備京畿，駐防北京南苑。二年，升第三師炮兵第三團團長。二次革命之際，沿京漢線南下，從事於湖南方面之攻略，駐防岳州，三年，經第三師副官長，進任第三師第六旅旅長，時曹錕為長江上游警備總司令，從之。四年冬，唐繼堯、蔡鍔等，反對袁世凱之帝制，以雲南軍出四川，吳佩孚隨曹錕入川討伐。五年，袁死後，歸來駐防保定，曹錕為直隸督軍時，進任第三師之代理師長，張勳擁溥儀復辟之戰，以兵進北京，與段祺瑞軍取共同行動，當時有一無名之師長，乃吳佩孚之雌伏時代也。彼之存在，得人確認。乃自民國七年夏，以第三師長，在張懷芝之下，任援粵副司令，且為直隸軍前敵總司令，出動於湖南方面為始。其行軍時，連戰皆捷，恢復岳州、長沙，略衡陽而據之，與南軍對峙時，即其得意之初也。當時北方乃段祺瑞一派之天下，湖南督軍之位置，不與第一殊勳之吳佩孚，而任命張敬堯。因安徽派跋扈過甚，吳佩孚憤而與南軍妥協，放棄衡州，率兵北上，更與奉天派提攜，一舉而大破之。由此遂成以曹錕為首領之直隸派之基礎。自此以後，直至第二次奉直戰爭止，據洛陽古都，策劃直隸軍閥之武力統一，先逐湖北之王占元，以心腹之蕭耀南代之，自任兩湖巡閱使，又兼直魯豫巡閱副使。十一月四日，藉名山東問題，反對奉天派卵翼下之梁士詒內閣，遂誘發奉直之戰，驅逐張作霖於關外。使孫傳芳、周蔭人攻取福建，援助楊森營四川，而割據其一部，以大直隸主義而造成其黃金時代。

曹錕登大總統之大位後，遂自任直魯豫巡閱使，為直隸派實際上之主將。第二次奉直之戰，與奉天軍戰於山海關，自立陣頭，勇戰奮鬥，頗占優勢。但馮玉祥一派之反戈，斷絕後路，遂陷於全軍覆沒之悲境。結果，乃由天津浮海，溯長江而入湖北黃州。雖一度還至洛陽，不能安居，乃入雞公山，最後，移岳州，度決川艦之水上生活者，一年有餘，十四年冬，與奉天軍提攜，乃由岳州出漢口，宣布討赤，就任討賊聯軍總司令，恢復河南，進兵直隸，驅逐馮玉祥系之國民軍於南口。十五年六月，與張作霖會於北京，大有重演鴻門宴之概。南口尚未陷落，而南方之蔣介石北伐軍，以破竹之勢，席捲湖南，而逼武漢。吳佩孚倉皇南下迎戰，但時機既逸，遂一敗塗地，不能復振，天地雖大，幾無彼立身之地矣。……

讀此，吳的發跡和他的人生所走的途徑，也可以得著一個輪廓了。

金梁的《瓜圃述異》把吳佩孚與齊白石（璜）、賽金花（趙靈飛）列入「燕山三怪」，說：「故都人海，形形色色，無奇不有，而畸人異客，傳者尤多，近世風日下，高逸之士，已不可睹，僅流俗所稱三數人耳。述燕山三怪」。關於吳佩孚的有云：

吳，蓬萊一秀才，初窮困，賣卜京師，京中多山東館，皆魯籍，重鄉誼，憐而衣食之，至今猶傳述吳將軍軼事，引以為榮。吳後遊遼瀋，依曹四，四長測量局。其兄曹三，以標統駐東省，一日發要電，囑四起草，四輒委之吳，稿上，三大賞之，用為司書，食兵餉月數金耳。吳敢為大言，遇事輒饒舌，三素稱能容人，喜其直。數年，擢為軍佐，嘗忤其營長，怒而言諸三，請正法。三竟拔吳代其職。吳大感激，遂以身許三，永勿負。及丁巳復辟，三擬電賀，以稿示吳，吳適大醉，漫置之，竟失去。三索稿，無以應，輒含糊答曰：「事將敗矣，何賀為？」乃竟事敗。三驚異以為料事如神，信任愈專，軍事遂一切委之矣。三即正位，左右多媚佞，吳嘗欲入清君側，謂將烹兔宴客，自喻如姜維之請斬黃皓也。直奉之戰，吳將大舉出關，連車運軍械，鐵軌擁塞，數日不能直達，軍皆苦飢，而吳豪飲如故，謂指顧搗黃龍耳。不意為人所乘，竟覆沒全軍，又自喻如昭烈之連營遇火也。吳每值大挫折，輒談笑自若，從不灰心；常言拿破倫字典無難字，我一生無悔字，其倔強故自可喜也。惜自負過甚，不免信口而談，實累盛名云。

文中所說曹四，是指曹銳；曹三，則指曹錕。至說吳的從軍，與《新中國人物志》，略有不同。「烹兔宴客」，兔，是指曹錕嬖人李彥青之流而說。

《近代名人軼聞》，也有述到吳的軼事，摘錄三則如下：

吳佩孚，幼時，其母呼之曰：「阿虎。」居蓬萊本籍，時科舉未廢，垂髫入塾，吟哦旦夕，師固一村學究也。吳性頑皮，不喜句讀。塾在東村，往還六七里，苦師之督責甚嚴，乃時匿於荒崗下，偕隣兒若干人，拋磚為戲，師屢儆之，仍不改其行。告其母，母泣，訓之靡效。斯夕，不進食，吳詢知其故，哭誓悔之。母迺令其妹伴往，始稍問讀。一日，師書一虎字，曰：『此汝名也。』且解之，虎伏山，毛作斑黃色。越旦詰之，吳瞠目不能答。再問之，曰：「是我名也。」

言次，躊躇不知音義。師怒，施以夏楚，吳哭而歸。母慰之曰：「虎字。虎能撲人，汝切記之。」其後師又詰之。吳沉思有頃，忽作撲狀，投師仆於地，卒以此退學。吳以是忿愧交併；每大言曰：『我終不負虎字也！』其後吳果與虎威為緣。而狴犴萬千，一如猛虎出山，生氣虎虎，信有佳讖也。

子玉在職時，見客輒談笑揮霍，旁若無人，凡部屬進見，多恭聽議論，唯否無抗顏者，膽怯者至俯首不敢仰視，識者咸謂其驕。顧吳於此亦有佳處，每接見外人時，亦多以滑稽之論調，相酬時，有嬉笑怒罵之風。駐洛陽時，有外商某，以皮革為業，投刺求見，為招徠軍裝之介。吳辭之不可，遂延見。坐定後，寒暄甫畢，革商乃為歌功頌德詞，絮絮不已。吳忽詢之曰：「貴國以牛羊為食，亦知貴國人所食之牛，從何處來乎？」革商瞠目不能對。吳笑曰：「君不知乎，蓋吾國昔有老子青牛出函谷關，直赴西方。貴國人所食之牛，即老子青牛遺種也。」言畢，拊掌大笑。革商憫然辭出。吳笑謂其幕府曰：「昔李少荃（鴻章）常以接見外人為消遣，吾今日特效之耳。」幕府某即曰：「大帥可謂目無全牛矣。」吳得意而笑。

第二次直奉戰後，子玉乘決川艦寄泊岳陽樓，兵柄雖除，物望猶存，會居誕辰，各方代表藉名祝嘏，商吳就聯軍總帥之職。吳方入座宴客，適鄂督蕭耀南壽屏寄到，中有「蓬萊此去無多路」之句，蓋意存諷諫。吳掀髯微笑，即席於原句下綴以「從此蕭郎是路人」，電覆於蕭，針鋒相對，頗稱風趣。

以上所引說的，都是吳在軍事上的升遷和二三軼事而已。至吳晚年蟄伏北方的景情如何，關係他的一生名節更大。吳於民國廿八年十二月四日，在北平病逝，享年六十六歲，《大公報》香港版在六日的社評有說：

近十年來，氏雖伏處北平，究未忘情國事，蓋其剛勁之性，自負之心，初不能盡袪其政治的野心。惟以向來治學駁雜而不純，好談迷信；又於現代政治，少所認識，是以雖居恆傲岸自負，而實際去現世甚遠，不足語於學者通人或政治領袖之列。

這些話，確是批評極公允。吳的頭腦陳腐，不讀新書，對於有新思想的人才，也不肯羅致，尤其是他本人於現在政治經濟，全屬門外漢。而頻年作戰，無非是黷武亂紀，以為靠用武力，本著一股戇氣，便可統一全國，造成一二人的獨裁，英雄迷夢怎得不失敗呢？至吳後來在北方應付環境的艱困與意志，那是吳氏做人最好的收場，這一點，應該特別提出的，因之《大公報》社論跟著評述云：

侵略者分化中國，久已垂為國策，國民黨統一南北之後，實際力量，迄未深入北方，侵略者於此，乃亟為割裂中國，攫占華北之謀，其所欲資為利用，俾作虎倀者，首為合肥段芝泉先生。段氏洞燭機先，特於日閥在華北大舉發動以前，飄然遠引，避地上海。日閥失望之餘，轉而注目吳將軍，雖吳氏向以反日著稱，非所顧也。幸蔣委員長神機遠見，早運匠心，於民國二十五年即與吳氏密通誠悃。蔣即深佩吳之人格，吳亦極佩蔣之才德，互道珍重，莫逆於心。果也，七七以後，北局大變，滬戰繼作，國難益深。日閥不特欲借重吳氏，傀儡華北五省，且欲利其聲望，招納北籍軍人。嗣後更以和平運動為名，誘脅吳氏，代彼號召。至於偽造宣言，驅發通電，糾纏鼓動，詭詐百出。吳氏身陷危地，舊部複雜，或假借招搖而不便揭破，或勾串造謠而不勝辨解，疑是疑非，波譎雲詭。吳氏此際，則一以似瘋似顛的態度，或假或真的口吻，對付日人，頑強拒避。一方面則時時與中央當局間接直接，通達情報，自誓決不失節。去冬（指廿七年）風聲正急時，吳之舊交某君嘗銜中樞某政要之命，由渝赴津，設法訪吳。經吳派人接赴平寓，潛住一週，密談屢夜，歸渝復命，則為「應付裕如，勿勞遠念」數語。可以見其肆應之工，自全之巧，蓋彼既以大無畏的精神，對日人嬉笑怒罵而懾服之，殊亦不自知其可危。

由此看來，吳在北方應付環境的巧妙，令人佩服。在吳氏逝世前的數天（廿八年十一月底），抗戰後方的報紙上也有登載他堅決拒絕日偽勸駕的新聞，香港的《國民日報》有如左的評述：

日軍司令坂西曾偕岡野勸吳氏與汪精衛合作，出任偽軍事長官，統治華北五省。吳答稱：「日本既需要和平，何不先行撤兵，向國民政府議和？」坂西說：「這在現時還辦不到。」吳便道：「既辦不到，何必找我？」此外，傀儡陳中孚亦勸吳與汪合作。吳答曰稱：「汪既提倡和平，又欲自建偽南京政府，可說是搗亂分子，我何能和他合作？」這一段新聞，粗看過去雖也平平無奇，其實是抗戰史中很動人的一幕。這一幕證明王克敏、陳中孚、梁鴻志、陳群、汪精衛之流，全是軟脊椎動物，能挺起脊骨拍著胸膛不甘屈服，使長夜漫漫的淪陷區，露出了一線曙光者，只有這可敬可愛的吳子玉將軍。吳氏又不僅不怕硬而已，並且不會中任何人的諂媚毒，去年（指廿六年）土肥原曾竭其諂媚的能事，再三懇求吳氏道：「請大帥救救日本，出來主持中國國事！」吳氏當時答覆，卻是：「我是中國人，我該先救中國！」

寫至卅五年七月七日《申報》所載「改造社東京六日電」，略說日前陸軍省兵務局長田中隆吉今日續供日軍侵華陰謀，「一九三五年九月，土肥原少將奉關東軍司令官南次郎命令，赴華北努力從事自治運動。據余所憶，土肥原當時希望擁立吳佩孚樹立五省自治政府，但未成功……」這是日閥希冀吳氏參加偽組織樹立政權沒有成功的又一鐵證。

合攏看來，更加證明吳氏拒敵偽的誘惑的事實。當著吳氏在北平去世的噩耗電傳到香港的時候，我渡海到九龍去慰問楊雲史，談了兩小時。楊氏淚盈於眶，神態非常感傷，含著淚幾次對我說：「孚威已成功了！」隨把剛做好的輓聯寫給我看，聯云：「本色是書生，未見太平難瞑目；大名垂宇宙，長留正氣在人間」。這寥寥的二十四字，順手拈來，切合吳氏的身分。當他剛把輓聯寫就，便有二三位新聞記者來訪他，他又把和我談過的話，重述一次，撮要於下：

我相信將軍不至赴日本醫院就醫，或延日醫診視，不過當時日人或派醫生往視，則未可知。

王克敏在平之不敢胡為，實因怕將軍，即日本人也怕將軍，怕他是凜然正氣。當予於去夏南來時，將軍曾語予曰：「我不能禁止人威逼利誘我，但我決不受人威逼利誘，你可不用為我擔心。」及去冬謠言甚盛時，將軍亦曾對余家人曰：「以前所說如此，現在如此，將來也是如此。」

將軍對蔣委員長極及表欽佩，從前對國民黨之不滿，所反對者只一黨字，對事則本大公無私之精神，嘗謂我之目的，亦即國家之目的，生平正大寬厚，使人感佩，平時主張以法治國。年來於國民黨要員甚少往來，惟蔣委員長曩年赴平時，曾相與暢敘於外交大樓。將軍失敗後，率部眾二千餘入川，駐在大竹，生活困苦。其後步行赴平，繞道長城之外，其夫人亦騎駱駝隨行。至包頭，悉日本進兵東北，當兼程東下，時左右多加勸阻，謂入北平無殊入虎穴。將軍當拍案而言曰：「如此才不致受人包圍也。」車抵北平外一站，張學良即往迎迓，將軍劈頭問東北消息。張氏當具以報告。將軍聞而叱之道：「國仇你不報，私仇你不報；你老子的棺材，已豎起了！」繼謂：「你怕抗，我幫你抗，我不是為名為利，我左手拿回東三省，右手交給你，有仇不報，笑話！」從此遂不見張氏。

多年前，將軍於黃州購得《呂洞賓文集》，讀後，信奉道教。其後得友人送一《金剛經》，於是改信佛教。回平後，江朝宗請其就任悟善社社長，社內分設乩壇及文壇，一月數敘，相與唱和不輟。前年，外間因盛傳：「江朝宗出任北平偽市長，亦即吳子玉出馬先聲」。時朝宗與將軍多日未晤，一日朝宗至，將軍即舉以質詢，並大罵朝宗：「汝年紀比我長，乃出任偽職，真白髮蒼蒼，老而不死。」遂與朝宗決絕。

將軍日常生活，不過念經、吟詩、寫字而已。年前將軍曾對余說：「生計不成問題，家中尚有幾畝田，中央每月補助三千元。」當時余曰：「如此，尚過得去。」將軍答稱：「這個年頭，過得去已是福氣了。」將軍現有嗣子一，名繼中，孫二；今後遺族生計，或不致於困難。

這是雲史向我和新聞記者所述吳在故都應付環境，與夫晚年思想的轉變。吳雖在前清時期，出身秀才，但缺乏固定信仰，因之思想常在游離，讀了《呂洞賓文集》，便信道教，再看《金剛經》，又即改信佛教。過了些時，加入旁門左道式的悟善社，迷信扶乩，這些都是反映他的思想游離，走入迷信的深淵。《大公報》說他：「向來治學駁雜而不純，好談迷信，又於現代政治，少所認識，是以雖居恆傲岸自負，而實際去現世甚遠，不足語於學者通人政治領袖之列」。這是最公允正確的評騭。回憶民廿五的十一月段祺瑞在上海病歿的時候，吳致輓聯云：「天下無公，正未知幾人稱帝，幾人稱王，奠國著奇功，大好山河歸再造；時局至此，皆誤在今日不和，明日不戰，憂民成痼疾，中流砥柱失元勳」。既歎逝者，行復自念，倔強猶昔，吳的本色，也在聯語中見著。可是此聯的上款「慧本教統歸真」，下款「同門學生吳智玄拜輓」，是根據乩壇所謂祖師授受的稱呼。我國從前的的官僚軍閥們，晚年失意，都好和「鬼」混在一起，吳雖倔強，也不免走入這一途，這是社會病態的表現。然而吳屢拒日閥誘逼，大義炳然，這一點，是最值得國人們所欽崇的。日本的《改造雜誌》在廿八年十二月號恰巧有一篇〈吳佩孚與王克敏〉發表，日本人眼中的吳佩孚怎樣呢？文裡是說：

我有一種感覺，我認為他已喪失了往年吳佩孚將軍時代的那種豪邁和彪悍，而成為一個可愛的好伯伯了。

華北某行政最高機關一要人，無忌憚地批評吳說：「他至多不過是一件古董而已。」這自然不是一個好意的譬喻。但他隱棲了十餘年，脫落在現代中國的氛圍外，畢竟是事實。

他在年齡和思想上已經成為古董了，所殘留的，只是一種清貧岸然的人德和舊軍閥叱咤時期的夢罷！

杉山元到北京時，他問一個熟悉日本情形的人：「杉山這傢伙，幾時做大將的？」這人回答：「大概兩三年之前。」吳說：「哼！咱四十歲即做大將了，還是民國初期哩。到現在差不多三十年了，想來杉山確實是後輩啊。」

這也是吳的瑣屑軼事。吳是秀才出身，統軍時也好吟詩，有時也好作對子；如民十九蟄居四川時，所作自輓聯云：「得意時，清白乃心，不納妾，不積金錢，飲酒賦詩，猶是書生本色；失敗後，倔強到底，不出洋，不進租界，灌園抱甕，真個解甲歸田」。這副長聯，真是「夫子自道」，說到做到的真實話。他逝世之後，中央明令褒揚和給治喪費萬元，是有因由的。

吳氏的詩，順便的摘錄幾首，如〈赤壁春夜書示雲史〉云：「戎馬生涯付水流，卻將恩義反為仇；如與君釣雪黃州岸，不管人間且自由」。又〈寒溪寺偕方嚴雲史看梅〉第一首云：「陶公高詠此山中，上有孫權避暑宮；尋個漁樵說閒話，晉朝名士漢英雄」。第二首云：「折得梅花香滿衣，溪雲山雨送將歸；一簑一笠臨皐去，十里香江明翠微」。吳詩做得還輕鬆，沒有什麼著迹，和他的行徑，似乎不調和。吳寫字做詩之外，又好畫竹石，民國十年，他已出版了竹石畫集兩大冊。

楊雲史，原名朝慶，字漢忠，後改名鑑瑩。民國成立後，易名圻，字雲史，別署野王，江蘇常熟人，因行文之便，就稱他的字。他的父親莘伯（崇伊），光緒庚辰進士，授編修，由御史外放漢中府知府。康有為戊戌變政，向榮祿告密的就是莘伯。這事在清廷的舊派勢力看來，是極重要的一回事，可是結果呢，清廷只放他一個漢中知府職，可說是「大功不賞」。

雲史的略歷，他在《江山萬里樓詩詞鈔》自敘裡有說：「余少有不羈之譽，長負公卿之許。年二十一，以秀才為詹事府主薄。二十七，為戶部郎中，舉孝廉，郵部奏調郎中，外部奏充英國南洋領事。迄辛亥遜國，棄職東歸，所謂宦者如是而已。計弱冠從政，事德宗景皇帝者十二年，事幼帝者三年，間居者又十三年，以至於今，則蒼然老矣。當少年時，亦嘗長揖王侯，馳騖聲譽，以求激昂青雲，致身謀國。迨乎哀詔晨下，謝表夕發，皓素登舟，涕泣歸國。……」

這可說是他的自傳之一章。雲史所說「郵部奏調郎中」，是指光緒卅三年丁未，郵傳部初立，尚書是張百熙。葉恭綽和他同日被奏調入部辦事，關賡麟、譚祖任、林志鈞、夏仁虎等，都是他們那時的同寅。

錢基博的《現代中國文學史》增訂本，對於雲史的述評，摘錄如下：

> 順鼎既逝，增祥亦老；而用薰香摘豔之詞，抒感時傷事之旨，由李商隱沿洄以溯白居易、杜甫，而詩史自命，譽滿江左者，則有楊圻焉。

圻少負不羈之譽，與元和汪榮寶、江都何震彝、及同縣翁之潤，皆以名公子擅文章，號江南四公子。年十七，娶大學士直隸總督李鴻章女孫，就館甥焉。通州范當世為幕府上客，見其出入溫李歡曰：「楊郎清才」。二十一歲，以秀才為詹府主簿，道揚州，遇老伶工蔣檀青，嘗侍文宗於圓明園，追話恩幸，不覺泣數行下；為賦〈檀青引〉而並以傳，自負絕豔驚才，不在王闓運〈圓明園〉詞之下。長沙張百熙誦之，謂江東獨步；遂以詩有盛名，而自署曰：「江東楊圻」云。

自是圻遊宦京師，少年跳踉，遇大俠王誼，傾心交驩。光緒二十六年庚子，八國聯軍入京，君相以下，逃徙一空，而正誼獨以匹夫禦敵死，乃賦大刀王五而繫以序。

圻頗尚氣好奇，優伶俠少，咸與推誠，而頗不慊意士大夫。……

雲史三十歲以前的略歷是如此。辛亥秋間，革命黨人在武昌起義，那時雲史在星加坡任副領事，返國回到故鄉常熟。優遊林泉，奉母家居，過他的名士生活，這是他最閒暇娛樂的時期了。民國九年十月，江西督軍陳光遠慕他的才名，聘任秘書，不久，他有〈南昌軍幕感懷〉詩六首，附有辭職的原因，如云：「庚申（指民九）歲暮，陳督逐客軍張宗昌，戰於袁州（即今宜黃）殲之。士民流離數郡，獲軍輜無算。辛酉（民十）正月，為陣亡軍士開會追悼，余有輓聯曰：『公等都游俠兒，我也得幽燕氣，可憐北去滯藺成，聽鼙鼓一聲，愴然出涕；醉後摩挲長劍，閒來收拾殘碁，慚愧西來依劉表，看春江萬里，別有傷心。』明日見諸報章，又載軍幕感懷詩。是夕元夜，張樂縱飲，官吏賓客滿座，有臧倉者行鄙素嫉余。席間，出余聯，指別有傷心語及白骨一聯示陳督，謂意祖宗昌，有心刺諷，且慫蕭安國司令，謂楊秘書欺我儕不識字，至敢以劉表擬公。謂公終如讓成都耳。陳督不知劉表何人，盛怒拂衣起曰：『我不薄雲史，何辱我！』命罷劇，賓客皆愕然為余危。群言讓成都是璋非表，表官汀右為漢末八俊。終不解，最後某君憤取表本傳趨入，擲案上曰：『談何容易做劉表。』陳督閱竟，則翻然喜曰：『我過矣。』命弗使余知。且責臧倉。賓客亦語侵臧倉，謂不復令子係識字矣。臧倉大慚遁去。時早春梅發，閨人來書，明日以憶梅思婦辭職，道其實也。陳督命某公留，某公謂雲史重去就，留無益，不如厚贐之。督弟鴻軒旅長於是數詣余所，卑禮固留不可，則厚俸約遊贛州，情詞懇摯，知余好遊覽，為繩大庾山川之美。固辭不獲，乃期暫歸兩月。楊韶九省長證之，而後許行。次日贐千金至，余詭言渡江矣，殊可感也。……」這一段軼事，真像《官場現形記》的材料，讀了令人發笑。

民國十年，吳佩孚銜曹錕命，率軍侵湖南，駐兵宜昌，因張謇的紹介，電請雲史入幕，任秘書長，知無不言，言無不盡，賓主異常相得，如魚水之歡。雲史對吳稱「主公」，詩鈔裡對吳，多用「吳公」二字，而且抬頭，備極尊尊崇。吳贈他的詩聯有「杜老歌詩出忠愛，呂端大事不糊塗」。吳頻年轉戰南北，如湘鄂、直奉、榆關、聯軍、武漢各戰役，大小數十戰，疲於奔命，雲史也間關相從，每一役戰事，都有參與。民十五，革命軍北閥，勢如破竹，吳以疲敝的隊伍，一蹶不振，勢窮逃川。雲史這次沒有跟吳入蜀，住在故都，和在瀋陽居留一個時期。過了幾年，等到吳到北平，他們倆才再相聚。

談到雲史的詩，是宗盛唐，五言律詩，用字練句，能夠鎔景入情，鑄情入景，使到情景雙絕和平分。七言古詩呢，是從李商隱入手，而不喜韓偓。七言絕句，清空輕動，飄逸絕倫，意境也高。寫景，有江遠山高尺幅千里的畫意，寫園林勝地，有花暖石寒鳥嘖魚靜的細致，寫從軍戰地，有關山月小馬鳴蕭蕭的情況。他的《江山萬里樓詩詞鈔》，從他二十歲起至四十九歲止，三十年的詩，刪賸了一千七百六十首，另有詞二百二十三闋。錢基博說他：「欲以力振唐音，不落宋人啞澀之體，所作七古，皆長慶體，自〈檀青引〉以外，如〈金谷園〉、〈天山曲〉、〈長平公主曲〉，緣情綺靡，直欲突過梅村；而〈天山曲〉長數千字，記香妃事，自有七古以來，無此長篇也」。這話批評恰當。而錢繼續地說他：「特是彈冠新朝，猥託攀髯之痛；委身強藩，特多阿諛之詞」。這些話恐怕是指他在民國十五年所印的詩鈔裡，對於胡清帝王的稱呼，和在詩文裡也抬頭起來，對吳佩孚在詩文上也多諛辭。但據他本人的自白，他之入吳幕，是為

「欲假孚威一言，恢復清室經費。在軍幕中，薪水外一無所取，陳明但為幕賓，不作官吏，故迄兵敗入川，未膺一官，未受一職，何冠可彈耶？當時故國故君之念，誠未能落井投石也」，來答辯。客觀的與主觀的所見立論不同，從這幾句話，也可以知了。

雲史在星加坡的時候，和田桐、陳楚楠、張永福等革命黨人，因為鄰居的關係，大家認識，常常往來，而和田桐感情較好。當民國前五年丁未十月，總理因鎮南關一役失敗後，不能夠在越南居住，就由河內到星加坡，住在東陵胡節律一百十一號，隔壁便是雲史的寓所。那時恰值兩廣張人駿密奉清酋的命令派遣奸細到星加坡謀刺總理。總領事因雲史住宅與總理寓所毗連，於是嗾使奸細在雲史家寄宿，準備就近隨時乘機行事。雲史那時深覺清廷快要崩潰，清吏這種陰謀，極不贊同。因之把這事密告田桐，轉請孫先生妥慎防範。同時召奸細曉諭種種利害，不要幹這損人不利己的行事，萬一事件發生，當地政府是要徹底根究依法懲辦，絕對地沒有方法可以推卸和逃脫的。你如果恐怕不能夠回去覆命，就在我所設立的農場工作，也可以過活，但切不可幹這危險事件。奸細聽著雲史這一番義正詞嚴的剴切訓諭，大受感動，放棄了原定計劃而離開星洲。總理也得平安無事。這一段事實，是雲史居住香港的時候，親自告訴我知的。我們知道雲史當時是清廷所派出的領事，對於革命黨魁能夠有這樣明白順逆的認識，這是非常難得的事。

雲史由星加坡歸國後，就住在常熟的虛霩園，後更名石花林，是半城半山半水的園林。有時和徐霞客夫人（那時他的原配李夫人早已去世）遊覽江南的山水名勝，那時的詩寫來很輕靈，如〈池上夜座與霞客話昔年新婚納涼於此〉云：「憶昔北池上，銀牀清露滋，玉人相並處，新月上來時。荷靜聞疏雨，燈清照弈碁。十年都似舊，兩鬢有微絲」。又如〈三月十五偕霞客遊福山食鰣魚，日午至江口繫纜，漁家俟舉網則就舟中烹之，徜徉竟日，乘暮潮歸城，是日也，煎江水茶食鰣魚，讀工部詩，一春惟今日最樂也〉云：「扁舟何必載西施，貧賤夫妻樂有時；舉網得魚江月上，東南風細到家遲」。可以見到他倆家居時出入相偕，遊息與共的樂事。民十四，雲史和徐夫人住在岳陽，整理詩稿，準備付印，怎知岳州發生時疫，徐夫人染疫逝世，那時恰值七省的軍閥聯盟合擁吳佩孚再起。徐夫人遺骸蓋棺的第二天，雲史便要從軍，因著伉儷情深，遭遇很大的創痛，就私諡她為「懷夫人」，表示永懷不忘的意義。又寫〈諡妻記〉，詳述她生平賢淑行誼和二十年間夫婦所共享的哀樂傷心感悼，在詩詞裡充分表露出來，如「樓船江下氣和雲，永訣聲悽不忍聞；戎馬書生真薄倖，蓋棺明日便從軍」。又「從今蹤跡隔仙寰，此別音容去不還；我欲相從迷處所，一聲清磬落伽山」。又如「從此瀟湘好烟月，一生腸斷岳州樓」。「可堪萬古團圓月，今世今年末次看」。「誰憐九月初三夜，死別生離第一宵」。悽音苦調，可見他那時的心境了。

民十五，雲史在漢口遇見諸暨女子陳美美，一見傾心，飲宴吟詠的豔事，傳播一時。曾替陳女畫紅梅，題詩如「湖海元龍萬里身，掉頭四顧出風塵。近來英氣消磨盡，只畫梅花贈美人」。又如「江郎彩筆狂猶昔，畫了長眉畫折枝」。「昨夜春寒眠不得，自披鶴氅擁貂裘」。都是香豔詩句。他在留別美美的詩序有說：「今春美美侍我晨夕，得二百日。療愁勸酒，亦足為歡；無裨離仳之悲，稍解羈旅之苦，是可念也。今別矣，能無黯然乎？重來崔護，未必桃花，從此蕭郎，頓成陌路。美兮美兮，幸善自愛，毋念薄倖司勳為也」。後來美美在上海與吳某（編案：畫家吳子深）締婚，據說是雲史所介紹的，十載因緣，至告此一段落。

康有為戊戌變政的失敗，雖有他的客觀的條件，但計劃的宣洩，是因雲史的父親莘伯向榮祿告密，這是一個大關鍵。（莘伯後回蘇州，又給江蘇巡撫瑞澂和他作對，砌詞誣陷他干預地方細故，而革除職官。）民十二，康有為到洛陽，祝賀吳佩孚五十壽辰，才和雲史相見，彼此不因舊事而有些芥蒂。康且親寫「風流儒雅」四字贈雲史，又寫「絕代江山」題他的詩鈔，可說是推許備至了。

「七七」事起，楊的北平寓所，日人幾次的前去，首先東拉西扯的閒談，繼續呢，索閱文稿，跟著便搜查圖書文物。他事先得知，幾把家中所存文稿，盡數焚毀，有〈焚稿記〉詳述經過。他有《打開天窗說亮話》一書是勸各黨各派合力抗日的，在北平的是自己燒毀，在常熟卻給日軍搜去，因此故居被日軍藉口他是抗日分子而把他的房子焚去一部分。原來廿六年冬，常熟失陷，他的故居文物，給日軍刦掠一空，後來日軍官入去佔住，發現《打開天窗說亮話》，便焚毀石花林房屋一角來洩憤，他有憶常熟詩，感慨很深，詩云：「故鄉奇勝甲天下，拳石撮土無癡頑。南尋丘壑不如意，益思吳越深長嘆。近時邊瘴皆樂土，一念家山清淚潸。自嗟衰病筋力軟，當前峰壑愁躋攀。山靈笑我不深入，空抱瑣骨鳴珊珊」。廿七年夏間，他在北平感著環境空氣的惡濁，就靜悄悄地南下，寄居在九龍並代表吳氏與中央駐港負責人互通消息。當他經過天津的時候，萬感交集，曾作〈楊柳枝〉曲，有「折柳攀條滿水濱，年年送客過天津。今年過客無人送，都作銷魂萬里人」之句，去國傷離的情緒，在字裡行間活躍。他到港後，因為氣候不宜，風痺病復發，時起時輟，宛如四季的氣候變動。加以身體孱弱，竟於民三十的七月十五日逝世，享年六十有七。他在港三年，有寫給日閥近衛文麿信一封，勸日軍從速退出中國。臨逝世前的二十多天，完成他所集易林句的〈攘夷頌〉，這兩篇文字，前者是表示他的正義感，後者是對於建國的展望。

雲史的文章，是近韓昌黎、蘇東坡的一派，而不喜歡駢體。寫字就很隨便，興到時也愛畫梅花，是文人畫，沒有師承的。

二十年來，張大千先後替我畫了幾十幅畫，有幾張圖軸，帶在行篋中的，雲史都有題句，如〈題紅樹室圖〉句：「紅葉滿天地，霜高千萬山；胭脂畫一角，詩在莽蒼間」。〈題觀瀑圖〉句：「碧海丹崖深復深，此間可以弄鳴琴；松風巖石俱清絕，合向空山一寫心」。〈題香宋（趙熙）大千合作鄉居詩圖〉句：「香宋鄉居詩入畫，大千妙筆畫中詩，岷峨秀色能無恙，井絡宵明此一時」。「波冷吳江路未通，家山紅樹憶丹楓；蜀中近事君知否，兵裡新詩寄放翁」。用〈攤破浣谿沙調題心丹畫像〉詞：「星月窺妝小院幽。蘭湯初試鬢香流。吹入南溟雲水氣；奈何秋。絕島瘞花憐玉臂，吳淞剪水認明眸。畫裡真真呼不醒，替人愁」。又用〈菩薩調再題〉云：「頹雲拋鬢無人見，平林新月窺人面。照透茜羅裳。替他身上涼。海角香一握。花夢琉璃薄，秋水想吳淞。微波千萬重」。還有其他的題句，不再贅述了。

詩稿早應出版，怎知太平洋戰事發生，一壓幾年，至今還沒有完成。章士釗有〈校閱雲史詩稿書贈遺褻狄小男〉的詩云：「燕市笙歌聽未酣，手扶才子到江南；石花老盡人千里，詩卷飄存佛一龕。身事久輸三語椽，晚年同住九龍潭。為防紅粉成遺恨，幾處親題狄小男」。按，狄小男，即瀋陽狄美男，是雲史的姬人，在北方與雲史同到港九居住相伴的。

附錄　江東才子楊雲史坎坷一生

蔡登山

張愛玲是李鴻章的曾外孫女，她的祖父張佩綸娶李鴻章的女兒李菊藕為妻。她在回憶祖母的文章中說：「我稱大媽媽的表伯母，我一直知道她是李鴻章的長孫媳，不過不清楚跟我們是怎麼個親戚。那時候我到她家去玩，總看見電話旁邊的一張常打的電話號碼表，第一格填寫的人名是曾虛白，我只知道是個作家，是她娘家親戚。原來就是《孽海花》作者曾孟樸的兒子！她哥哥是詩人楊雲史，他們跟李家是親上加親。曾家與李家總也是老親了，又來往得這樣密切。」楊雲史的父親是楊崇伊，他的女兒（也就是楊雲史的妹妹）嫁給李瀚章（李鴻章的長兄）的孫子，而非李鴻章的孫子，張愛玲顯係沒弄清楚。楊雲史則娶李鴻章的孫女李國香（道清）為妻，成了李鴻章的孫女婿。楊雲史說：「當庚子（案：光緒二十六年）七月，文忠奏調先大夫隨辦和議入都在文忠幕，余則為文忠公長孫婿，父子皆居文忠邸，時侍左右。」另外楊崇伊的幼弟又是李瀚章的女婿，楊家與李家確實是親上加親。至於曾、李兩家並沒有什麼直接的關系，只不過楊崇伊娶了曾之撰的妹妹（曾孟樸的姑姑）為妻，楊雲史是曾孟樸的表弟而已，曾、李兩家稱不上「老親」，張愛玲顯係誤解了。

楊雲史（一八七五－一九四一）本名朝慶，四十歲以後更名圻，字雲史，號野王，江蘇常熟人。父親楊崇伊是光緒六年庚辰科進士，以庶吉士散館授編修。熬了多年翰林清苦，沒有什麼出路，於是以翰林資格考取御史。戊戌政變楊崇伊扮演了慈禧榮祿后黨集團的重要打手，請慈禧重行親政的奏折，便是出自利欲薰心的楊崇伊。因此他陷君上於囚禁，久為士論所鄙。但因此立下了大功，於是外放為陝西漢中府知府。做了幾年知府，升道員，此後榮祿等人就不大理睬他，他的官職也不再爬高了，後來鄉居恃勢，包庇娼家，持鎗奪妓，被奉旨革職，永不敘用，可謂聲名狼藉。

楊雲史少有不羈之譽，讀書過目不忘，自言父親嘗於夜間命其查考史籍，他不須燈火，隨手在書架中檢出，於月光之下指明某行載某事，毫髮不爽。少年時居京師，詩文倜儻，裘馬麗都；與元和汪榮寶、江陰何震彝、常熟翁之潤，皆以名公子擅文章，號「江南四公子」。文采風流，極一時之盛。光緒十八年（一八九二）年十八，婚李鴻章長孫女李道清。光緒二十一年，中了秀才，當詹事府的主簿，次年入京師同文館學習英文。光緒二十六年，應順天鄉試，得了個第二名舉人，亦即所謂「南元」。同年年初，妻李道清病卒。光緒二十八年在揚州續娶漕運總督徐仁山女兒徐檀（霞客）為妻。光緒三十三年，受知於張百熙，奏調郵傳部郎中。光緒三十四年，岳父李經方出使英國，便奏調他充任英屬南洋領事，駐於新加坡，他一住便是三年。其間在宣統元年曾返國奔父喪，次年又返新加坡。這是神仙生活的三年，這是才子與才女詩酒相伴偎紅倚翠的三年。這徐霞客是個才女，跟隨丈夫來到南洋，住在熱帶風光的海島綠野中，風月清夜，高詠獨嘯，彷彿是天上勝境之中的絕配仙侶。無怪乎楊雲史發出如此贊嘆：「……夫婦吟嘯其中，終歲春夏，園亭清曠，風月殊佳。幽居海島，晨夕相對，理亂不聞，蒼然物外，當是時，苟無去國之嗟，思親之切，則將終老是鄉，作始遷祖於南溟矣。此為余夫婦少年最樂時也。……」就在這時期，楊雲史詩興勃發，創作了大量長詩，例如〈南溟哀〉、〈爪哇火山詩〉、〈西溪行〉等。

俞小紅在〈晚清才子的風流一生〉文中說，當時南洋群島的華僑種植橡膠園成為巨富的很多，這使得楊雲史十分的眼熱，他本身受到李經方洋務思想的影響，認為經商是致富的良途，也是國家興旺的命脈，所以一直想集資在南洋發展橡膠業。在友人的幫助下一心一意開辦了一座橡膠園，租地一萬兩千畝，開始了雄心勃勃的橡膠種植。那是個佈滿熱帶雨林的原始地。楊雲史不懼野獸蛇蝮、瘴氣毒蟲，親自入山督工不止。一年來居然種植了三千畝膠林共十九萬株，做起橡膠的出口生意了。可惜歐洲戰亂，市場疲軟，三年竟成荒園。棄官經商以利養老的夢想破滅，而彼國催繳租金不絕，結果由他母親曾太夫人鬻產為他了結，無奈怏怏歸國。

楊雲史回到常熟，先暫住在表兄曾樸的虛霩園。楊雲史在〈石花林雜詠並序〉中云：「辛亥冬，余奉母居曾氏之虛霩園，名曰石花林，是園為君表（案：曾之撰）母舅別業，半城半野，半山半水，方圓二十畝，臺榭十餘處，水木清華，為吳郡名園之一。……春秋佳日，婦子奉母，步陟成趣，以博慈歡，怡怡然不復知有治亂衰壯之感矣。憶舅氏營此園，余方七歲，遊此不出，舅覓余久不得，則掃雪酣臥梅花下矣。乃戲謂『兒清異，異日當以園賜爾。』余今得居是園，豈偶然哉！」當時楊雲史年方三十七歲，但他所「效忠」的清廷已亡，他隱居於此，立下決心要當「遺少」了，有「長為百姓，瀟灑江海」之意。

但楊雲史家中人口眾多，生計日蹙。在民國九年（一九二〇），他萬般無奈的入了江西督軍陳光遠的戎幕。陳光遠係一介武夫，不通文墨，以一個飽讀詩書之士，與一個不學無術的老粗相處，無異秀才遇到兵，自然格格難投。翌年，楊雲史果貽書而去，書曰：「雲史乃江東下士，將軍謬採虛聲，致之幕府，時陪閣公之座，遂下陳蕃之榻，頗思盡其愚悃，有裨萬一。頃得山妻徐霞客書謂：園梅盛開，君胡不歸？不禁他鄉之感，復動思婦之懷，清輝玉臂，未免有情，疏窗高影，亦復可念，清狂是其素性，故態因之復萌，敢效季鷹煙波之清，乞徇林逋妻子之情，予以休暇，遂其山野，庶白雲在山，靚妝相對，此中歲月，亦足為歡，則將軍之賜也。」他藉此求去，其「見梅思婦」之語，一時傳為美談。

楊雲史自江西返江南後，約在民國十年，經同年好友潘毓桂的介紹，訪晤吳佩孚。吳佩孚說：「楊先生是江東才士。」禮延入幕，先為副秘書長，後為秘書長，極賓主之歡。楊雲史嘗寫信給徐夫人，談到遇合之樂，曰：「三年擇婦而得君，十年擇主而得吳。」自得之情溢於言表。吳佩孚因係秀才出身，於古詩詞及書畫有一定的造詣，雖然棄文從戎，卻喜接文士，這與陳光遠的胸無點墨，不可同日而語。吳佩孚對楊雲史可說是言聽計從，其重要筆札皆出其手。而楊雲史在文件中每逢書及吳佩孚名字時，例均

「抬頭」，以示尊敬！其親書以奉吳佩孚「主公兩正」之聯云：「杜老歌詩出忠愛；呂端大事不糊塗。」對吳佩孚更備極尊崇吹讚之意。

楊雲史一生與吳佩孚最為相知，吳佩孚亦倚畀極深。楊雲史好畫梅，吳佩孚嘗贈聯曰：「天下幾人學杜甫，一生知己是梅花。」又贊其詩曰：「氣體魄力，直追盛唐。其磅礴鬱積，蓋皆出乎至性至情者也。是以憂時念亂愛國之言，時時流溢。」又云：「雲史詩清真雅正，自成大家。五言卓絕，尤稱獨步，近人無與比肩。」楊雲史著名的《江山萬里樓詩詞鈔》，便是在吳佩孚幕僚時期印行，並尤其題簽作序的。

《江山萬里樓詩詞鈔》中詩鈔共有十三卷，分少年、壯年、中年、強年四集。據鄧雲鄉〈常熟才子楊雲史〉一文稱：「吳佩孚幾次大戰役，楊均有詩記載。一是民國十一年春天，張作霖率奉軍入關，占據天津、北京附近。吳佩孚率軍自洛陽移師河北，大敗張作霖於長辛店，再敗於灤縣，數日之間，破奉軍八萬，張作霖退出關外，有名的直奉戰爭，以奉軍失敗而告終。楊有〈軍中詩〉四首記此戰役。最後一首道：『夜半東風起，軍中萬馬鳴。用兵不在眾，捲甲及平明。百戰增詩力，三邊破竹聲。胡天飛鳥絕，不敢近長城。』」民國十三年秋，第二次直奉戰爭開始，一向視作吳佩孚手下大將的馮玉祥，突然倒戈兵變，陷北京，圍總統府，囚曹錕，逼下令停戰，褫吳佩孚軍職，解其兵柄，又入宮逐清帝后妃，而籍其財貨，楊雲史悲憤萬分，曾有〈榆關紀痛詩〉十首，蓋作於黃海舟中，其長序痛罵馮玉祥：「雖趙高之害蒙恬，董卓之劫洛陽，華歆之逼漢獻帝，不能專惡於前」，並云：「余侍從帷幄，歷有年所，久安從軍之樂，數被戰勝之榮，今乃於千載不偶之事，天崩地拆，目擊而躬逢之，傷正氣之不伸，慨天心之助長，慟尊親之受辱，哀綱紀之淪亡」，其痛心可知。吳佩孚以榆關（山海關）兵敗，退至湘鄂邊境駐節武漢，楊雲史始終未離吳氏左右。吳佩孚後來在〈赤壁春夜懷雲史〉詩云：「戎馬生涯付水流，卻將恩義反為仇，與君釣雪黃州岸，不管人間且自由。」上聯痛罵馮玉祥的背叛；而下聯則凸顯他與楊雲史兩人交誼之篤。當吳氏離湘出走時，適楊雲史夫人徐霞客正病逝湖南岳陽，安葬之次日，楊雲史復隨軍行。其〈悼亡詩〉四首之一有云：「樓船江下氣如雲，永訣淒涼不忍聞！戎馬書生真薄倖，蓋棺明日便從軍。」其心情之慘痛可想而知。楊雲史與徐霞客情好最篤，夫人逝世後作〈謚妻記〉及〈悼亡詩〉凡數萬言，一字一淚，刊有《雲史悼亡四種》。

後吳佩孚入川，楊雲史始返江南。里居未久，復遷北平。其時，張學良亦在平，他讀楊雲史的〈榆關紀痛詩〉，對秘書陳甘簃說：「他雖然過去曾經對敵，立場不同。但其詩忠厚悱惻，實可欽佩其為人。因學良夙慕唐太宗的能幹，要請楊先生為之講解《貞觀政要》。」得楊雲史同意，每日到卍字廊張學良的書齋，但當時張學良正是軍書旁午，百事如麻，因此始終不晤，楊雲史遂拂袖辭去。後張學良又請其往關外一行，一九二八年夏間，楊雲史遊遼東，獲識塞北佳人狄美南，八月迎歸。美南，名小琴，先名白玉珍，曾鬻歌滬上大世界，後以故來瀋陽，張豔幟於蓮英書館。楊雲史在遼瀋三年，曾主編東三省志，惜因「九一八」事變，終未刊行。

後楊雲史自遼瀋歸常熟，葬徐夫人於邑之南鄉，嗣與姬人狄美南住石花林，日惟種花吟詩，閉戶不見客，雖城居而實山林焉。但前後不到二年，仍回北平賃宅居住。以久居北地，氣候相習，且吳佩孚亦在北平，仍可時時相聚。又以北方詩友較多，唱酬是樂，南方地熱風濕，易致疾病，故居平時間較久。平津危急時，宋哲元（明軒）長冀察政務委員會，聘吳佩孚為高等顧問，楊雲史亦從之。對宋之折衝樽俎，實有相當貢獻。七七事變發生後，楊雲史倉促間無法走脫，因滯留於北平。其時吳佩孚尚在北平，日人有利用其為傀儡之企圖。楊雲史獲悉，遂密繕長函，加以勸阻。吳之始終全節，以至逝世，完美堅貞，與楊雲史有莫大的關系。日人以吳佩孚頑固，乃轉注目於楊雲史，企圖以楊聯絡吳。派員訪之，詢其對中日事件的感想。楊雲史則曰：「我無感想。我的感想，我是中國人，祇知愛中國。」訪員亦無可奈何！北平淪陷後，群奸如江朝宗、王揖唐等，已經粉墨登場。楊雲史與彼等，非為舊友，即是同僚。江等再四拉攏，但終不為所動，忍受貧困，典質度日。

一九三七年十一月十八日，日軍燒毀楊雲史在常熟的祖屋石花林。他後來在〈紀石花林之被焚〉一文中說：「石花林余虞山園宅也，新築於民九己未之歲。背山臨水，廣庭高廈，花木甚盛，四時不絕。手植紅梅十六株，皆高出樓檻矣。書籍萬數千卷，多明板殿板，經史子略備，集部詩詞曲叢書尤多精本，貯於西樓。余父子五人，皆久客，惟老僕留守之。丁丑十一月，倭冠陷江南，大掠而東，至常熟。其軍官某，喜宅幽雅，入據之。初頗相安，居十餘日，於書室見余撰印之《打開天窗說亮話》文二百餘冊，蓋瀋陽之變，余撰此文，勸各黨各軍合力抗日者也。某乃大怒，謀楊某抗日分子，當膺懲。余固世家也，多藏書籍字畫玩好，而家具幃帳衣服，亦頗精。於是命軍士掃數洗劫兩夜，運滬東行。既畢，以硫磺彈縱火焚燒，頃刻都盡，鼓掌歡笑而去。實則利余物之多頤，以火掩劫掠之痕跡耳。於是石花林及余身而片楮無存，此後無屋可仰矣。此丁丑十一月十八日，舊曆十月十六日事也。」同日，楊雲史燒毀隨身信函文稿，又辭別吳佩孚，攜如夫人狄美南準備離開北平。

到一九三八年春，化名葉思霞，與夫人走塘沽，不意為敵人扣回，幸當時華北偽政權王克敏的關說，得以放行。南下香港，本欲赴漢口謁見當局，以病不果。在港期間，友朋往來還不多。除楊千里、陳荊鴻、和陳孝威幾位先生是經常聚首者外，此外時間，多數在杜月笙先生公館，因那裡有不少熟人，可以談天，解除寂寞。其時孔祥熙任行政院副院長，聘楊雲史為行政院參議。因此在港的生活，勉可維持。

根據程中山〈楊雲史香港時期（一九三八－一九四一）詩文紀事及其集外佚詩輯錄〉文中說，一九三九年五月，楊雲史董理舊稿，自丁卯年（一九二七）以來十二年作品，結為續集，欲並合前集再刊行之。五月十五日（陽曆七月一日），楊雲史撰寫《江山萬里樓詩詞鈔續集》自序。中秋日（九月二十七日），續理舊稿，並撰成〈江山萬里樓詩詞鈔雜誌〉，云：「三年戰事，轟炸為先，民間圖書文物，頃刻灰燼，摧毀殆盡，友好以余之紀述諸稿，在故鄉者，既已自焚，在鄉邑者，又付劫火。僅此區區歌詩，堅囑付梓，以免兵火散失，此余所以增刊是集之意也。」

一九三九年十二月四日，吳佩孚卒於北平，在香港的楊雲史，輓以聯云：「本色是書生，未見太平難瞑目；大名垂宇宙，長留正氣在人間。」有人說，就兩人交誼來論，此聯似嫌泛泛，但須知當時北平已在敵偽時期，縱然情深意摯，他又何能盡情傾吐以自取其禍？在病榻中，楊雲史「望海成慟，淚枯心亂，死生契闊，深悔遠行」之餘，慨然於吳佩孚「知我之深，從諫之美。」而「身難北歸，但有號哭。欲為誄文，一訴忱悃，方寸瞀亂，弗可成篇」於是他噙淚寫成〈哭孚威上將軍〉五律四十首，略記他追隨吳佩孚二十年間的見聞種種。而以「靈運先成佛，人間太寂寥，舉頭山海窄，閉目廢興銷。何日報知己，空令賦大招，投詩南海上，風雨撼寒潮」作結，是獻給吳佩孚的薤歌，亦報平生知遇之恩。

其弟子李猷在〈追憶先師楊雲史先生〉文中說：「我到重慶之後（案：當為一九三九年冬，李猷誤記為一九四〇年），時時通信，獲悉先生左臂，仍拘攣不適，而且疼痛加劇。一方面經濟日窘，醫藥乏資，五中如焚。承我主管徐景薇先生（徐先生為常熟龐氏之婿與先生有遠親）的同情，去港報告於董事長錢新之先生，求為協助，或給與顧問等職位。但是是錢先生的意思，以先生名高望重，不敢屈為幕僚，因允每月由錢先生本人致送先生港幣數百元。先生得此，甚為安慰，致函告我，意思說：無錢醫病，今得此款，可以就醫買藥，可謂『窮途仗友生』云云。可見彼時景況之惡劣。此時先生已自太子道遷移天文臺道，仍自租房屋。大致過了數月，為鄰居陳志臯先生夫婦招待，移住其家。雖生活上較為舒適，但病況也日漸加重，然仍勉力寫作，在病中還集《易林》句成〈攘夷頌〉一篇，獻於今總統蔣公，文辭淵雅，為抗戰期間一重要文字。亦常做詩，記得寄我七古一篇，其末句曰：『萬水千山聳一肩。』意思是荊榛滿地，何處可以優遊？若要問他蹤跡，在千山萬水間，一個聳肩的病翁便是，可見心情的沉重了。」

一九四〇年十二月十五日，楊雲史出席葉恭綽（字譽虎，號遐庵）六十壽辰酒會。《陳君葆日記》云：「晚，『文化人』假寅圃公宴葉譽虎，是補行慶祝他六十壽辰的意思。本來加入的是二十五人，但其中四五人卻未就席便爾先去。楊雲史穿一件琵琶襟的背心，這裝束本來不大宜於他那樣年記的人，後來聽季明說才知他和楊千里均為蘇州人。『雲史有一妾，據云係絕色。』冼玉清出來時說。『誰告訴您的呢？』我問。『是江霞公』她說。我聽了更（便）不作聲。但冼玉清似乎頗感興趣也似的，『改天我們到他家裡去拜望他，他一定叫他的姬人出來見見的呀！』她說。我心裡覺得頗可笑。」

在這之前，楊雲史有〈壽遐庵〉賀詩七絕四首。而葉恭綽亦有致函楊雲史，以酬謝贈詩云爾。在當年楊雲史曾與葉恭綽同知張百熙門下，而楊雲史遠祖與遐庵均同出北宋葉夢得，楊雲史曾化名葉思霞，也是因此緣故。楊雲史在所贈之詩後有記云：「今遐公業望炳炳，高隱香江，蕭然物外。今歲仲冬六旬誕辰，余流寓茲土，相見山海之間，誼既同宗，少復同官。遐公精畫松，余喜畫梅。而余生日且與之同在仲冬，可不謂之歲寒友乎？庚辰十月偶憶舊事，率成俚句，即為遐庵壽，不欲世俗之言也。」

一九四一年七月，楊雲史病況愈篤，已至半身不遂。七月初，友人陳荊鴻曾去探視，據其《海桑憶語》書中之〈楊雲史之淚〉云：「洎香島將陷前數月，雲史病且篤，予往視，已不能興，屬人取壁上所懸攝影，語予曰：『此吾故居也，庭前梅花盛開，頗耐人想，今不復得見矣。』言時，淚盈於睫，嗚咽不勝。且曰：『吾病恐終不起，君其必以詩輓我，予亟慰之。』後數日遂死，予踐約哭之以句：『病床垂涕語，尚憶故園梅。竟使天涯老，終憐一代才。山河多異色，詞賦有深哀。莫便化朱鳥，南雲愁不開。』嗟乎！古人謂文生於情，情生於文，予睹雲史之淚，凡數數矣，是蓋深於情者也，宜其詩之工也。」

一九四一年七月十五日夜十時半，楊雲史病逝於香港尖沙咀柯士甸道寓所，終年六十七。七月十七日，故舊杜月笙、錢新之、許世英、楊千里、江倬雲等十五人發出〈訃啟〉。十八日，友人江孔殷、許世英、葉恭綽、陳孝威、梅蘭芳、杜月笙等數十人前往香港殯儀館致祭弔唁，並為之大殮。許多資料都說狄美南在料理楊雲史喪葬之後，亦仰藥以殉，此說不確。章士釗有〈校閱雲史詩稿書贈遺嫠狄小男〉詩云：「燕市笙歌聽未酣，手扶才子到江南。石花老盡人千里，詩卷飄存佛一龕。身世久輸三語椽，晚年同住九龍潭。為防紅粉成遺恨，幾處親題狄小男。」詩中的狄小男就是狄美南。據李猷說：

「他的詩詞續集，民國二十九時據他自己寫信到重慶給我說，已編好四本，交香港中華書局排印。嗣先師逝世，繼之一二八太平洋事變發生，遂無結果。又聞此續稿為其如夫人狄美南女士帶到重慶，狄女士後以病逝於重慶，其書稿遂由先師之幼公子吉孚接管。三十八年後，聞吉孚亦已逝世，此續稿遂不知下落，思之淚下，甚望此稿尚在人間，有重光之日。」但據程中山說：「手稿後輾轉流落在上海，最後毀於文革期間。從此，楊雲史寫於一九二六年後之詩，幾乎蕩然無存。過去兩年，學術界先後重新整理了兩部楊雲史《江山萬里樓詩集》：其一，二〇〇三年六月由馬衛中、潘虹校點，上海古籍出版社出版的《江山萬里樓詩詞鈔》；其二，二〇〇四年二月由楊元璋（楊雲史之孫）整理，上海社會科學院出版社的《江山萬里樓詩詞鈔正集續集》。兩書除了對楊雲史舊集重新標點及排印外，又輯錄大量晚年的作品，其中，香港時期的作品，多達三百餘首。可是，兩書於楊雲史居港作品，輯佚雖勤，但由於對楊雲史晚年居港記載瞭解不深，遺漏亦多。」因此程中山又輯其佚詩八十五首，或可補時賢輯佚之不足。

楊雲史一生詩名滿天下。其詩宗盛唐，追蹤老杜、香山、梅村，歌行滔滔，才華豔發。名詩人范肯堂讀他的詩，歎為「楊郎清才」，尚書張百熙譽為「江東獨步」，康有為題其詩稱「絕代江山」，皆可謂推崇備致。沈亭談到：「楊氏之詩，乃宗盛唐者。五言律詩，用字煉句，很能鎔景入情與鑄情入景，以致情景雙絕而平分。其七言古詩，乃從李商隱入手者。他平素最憎厭韓偓詩作。其七言絕句，清空輕動，飄逸絕倫，意境也高。寫景，有江遠山高、咫尺千里之畫意；寫園林勝地，有花暖石寒、鳥喧魚靜之細緻；寫從軍戰地，有關山月小、馬鳴蕭蕭之景況。」楊氏之詩，且多為組詩，動輒數十首，與樊增祥輩上下。所著《江山萬里樓詩詞鈔》向有「詩史」之目，其中不少以親身經歷寫成的記事詩，是近代史研究重要的史料。他在吳佩孚幕府時，所經大小戰役，幾乎都有詩記之。著名的〈榆關紀痛詩〉前有長序，記吳佩孚四照堂用兵之計、張作霖以重金賄賂馮玉祥倒戈過程，非常詳盡，足以補相關的文獻不足。他的〈檀青引〉、〈天山曲〉、〈長平公主曲〉、〈雞公山感懷詩一百韻〉，均以詩記事，才氣縱橫，其成就不在擅長「長慶體」的吳梅村之下。

清末宋詩派領袖陳衍評其詩「力振唐音，不落宋人啞澀之體。」晚年於香港所作抗戰詩章，沉鬱蒼涼，無愧詩史。故後學錢仲聯《近百年詩壇點將錄》：「近代學唐而堂廡最大者，必推楊雲史。《江山萬里樓詩鈔》，頗難求其匹敵。」楊雲史在《江山萬里樓詞鈔・自敘》中云：「弱冠時，君父之政，國家禔福。當如錦之年華，際方盛之日月，裘馬清狂，流連光景，有樂無苦。其心熙熙，其聲和。年齒既長，憂患遂來。天時人事之故，與夫物我之際，蓋有不可以告人者。為有昔歡，能無今感？知天下事惟往者為佳耳。」其詞情文深造，哀感頑豔，語微而旨遠。清亡後，其俯仰江山，感慨今昔之作，神貌尤似南唐李後主。近現代詞人中，唯楊雲史之詞最近李後主。若無與李後主相似的才華、身世和經歷，也不能寫出類似之詞。楊雲史少年時「裘馬清狂，流連光景」，中年後又遭國破家亡之痛，一生經歷與李後主類似，故而得之。其《江山萬里樓詞鈔・自敘》云：「海內君子，譽我者曰：近年詩如工部，詞如後主。嗟乎，是豈我所樂聞者哉？」楊雲史之晚境，與杜少陵同其悽慘，楊雲史之存年，較杜少陵僅多十餘載，蕭條異代，良用嘆惋。

林語堂與魯迅

林語堂

魯迅

林語堂與魯迅，這一個題目太大了，起碼可寫一二萬字；我今大題小做，或者也可以知道他倆——林語堂、魯迅——的一般。

林語堂在北平時和魯迅的關係，據《林語堂自傳》（工文譯）有說：「當我在北平時，身為大學教授，對於時事政治常常信口批評，因此我恆被人視為那『異端之家』——北大——之一個激烈的教授。那時北大的教授們分為兩派，帶甲備戰，旗鼓相當：一是《現代評論》所代表的以胡適博士為領袖，一是《語絲》所代表的，以周氏兄弟——作人和魯迅為首。我是屬於後一派的。……」

當這兩派在北平大活動的時期，也是關於教育部與女子師範問題而發生論戰最劇烈之時，他倆在那時也加入學生的示威運動。自從民國十五年三月十八日，臨時執政府門前鬧了「三一八」事件，住在北平的作家、教授、新聞記者們五十多人即被通緝。林語堂、魯迅因在惡劣勢力壓迫之下，不能不悄然的先後脫離北平古城了。

林語堂回到故鄉（福建），在廈門大學擔任文科主任，魯迅因著林氏的招約，也在廈大任教授。二人職務上的關係，雖然比較以前來得密切，然而他們兩人的思想，是分流的。

他們兩人不同之點，在那裡呢？

從林氏自作的聯子，「兩腳踏東西文化」，「一心評宇宙文章」，便可以知道林氏是常徘徊在兩個世界之間而逼著他自己要選擇一個——新的或舊的，故他自己曾說「有一位好作月旦的朋友評論我說，我的長處是對外國人講中國文化而對中國人講外國文化。這原意不是一種暗襲的侮辱，我以為那評語是真的。我最喜歡在思想界的大陸上馳騁奔馳。我想到有一宗開心的事，即是把兩千年前的老子與美國的福特氏（汽車大王）拉在一個房間之內，而讓他們暢談心曲——共同討論貨幣的價值和人生的價值。或者我要辜鴻銘引導孔子投入麥唐樂（前英國內閣總理）之家中而看著他們相視而笑，默默無言，而在杯酒之間，得完全了解」。（見《林語堂自傳》）夫子自道，比較客觀評述，來得貼切。

魯迅在《華蓋集》續篇，卻有這樣的自述：「我自己也知道，在中國，我的筆要算較為尖刻的，說話有時也不留情面。但我又知道人們怎樣地用了公理正義的美名，正人君子的徽號，溫良敦厚的假臉，流言公論的武器，吞吐曲折的文字，行利私己，使無刀無筆的弱者不得喘息，倘使我沒有這筆，也就是被欺侮到起訴無門的一個；我覺悟了，所以要常用，尤其是用於使麒麟皮下露出馬腳」。魯迅的寫作，對於舊社會的掊擊，封建營壘的精神文明的嘲笑，和林氏是兩樣。魯迅的《阿Q正傳》是在我國文學的歷史生命上傳留不朽，好似向舊社會間封建制度丟下一顆鉅量炸彈。魯迅已經死了，但他的靈魂是永存的，而現在這個社會，每一個階層的角落裡，卻仍舊現著無數阿Q型的人物。

林氏對於他的諷刺文學，也有自白，如「其實，我在文學上的成功和發展成我自己風格完全是某某之賜。如果我們的民權並不被取締和限制，恐怕我將永不能成為一個文學家，那嚴格的取締逼令我另闢蹊徑以發表思想而不至直叫天牌是天牌，白板是白板。我勢不能不發展筆墨和權輿事情輕重，此即讀者們所稱為諷刺文學者。我寫此項文章的藝術，乃在發揮關於時局的理論，剛剛足夠暗示我的思想和別人的意見，使不至流為虛聲奪人，空洞無物，而只是禮教云云的謬論，但同時卻饒有含蓄使不致身受牢獄之災。這樣寫文章無異是馬戲場中所見在繩子上跳舞，亟需眼明手快，身心平衡合度。在這個奇妙的空氣中，當中我已經成為一個所謂幽默或諷刺文學家了。」（工爻譯《林語堂自傳》）

林周兩人的人生觀不同，而寫作的取材與技巧自然也異。他的區別，無論在隨筆、雜文、小說各方面都是異常顯著，這是讀過他倆文章的人們都可以知道的。

林氏的《京華煙雲》（《*Moment in Peking*》，又名《瞬息京華》）英文字數約廿五萬，如果譯成中文，就有五十多萬字，其中有佳話，有哲學，有歷史演義，有風俗變遷，有深談，有閒話，確是現代中國的一本偉大小說。書中分三大部，一、道家的女兒，二、園中的悲劇，三、秋日之歌。故事起源於一九〇〇年義和團之亂而至「八一三」上海戰事開始，差不多有四十年的事實，這可算是林語堂著述長篇小說的處女作品，在美國銷路之廣，實在驚人。與魯迅的《阿Q正傳》相較，各有不同。前者字數多，後者字數少，然他的影響，也是各人不同。魯迅晚年沒有寫作小說，而林語堂卻相反，是在四十五歲以後，祖國又在遍地烽煙的時候，才在國外把自己的長篇小說處女作發表。由這一點來看，他們兩位的旅程是相異的。

寫到這裡，記憶林火所譯的一篇稿，有林語堂與魯迅二人作品的評述，也可以算是赤裸裸描寫他兩個人的個性，撮要如下：

魯迅的作品裡帶著象徵的性格，在表現上帶著晦澀的氣味。相反的，林語堂的作品則取通俗的形態，表現很平坦明白。魯迅拿著尖銳的刀子正對著現實，滿臉上掛著焦急的憂慮。林語堂則走進現實的圈裡很清閒的看書。所以魯迅早早地故去，而林語堂則還很瀟瀟地在活著。

魯迅好像受了俄國小說影響很深，林語堂似乎很得力於法國的小說。同時魯迅的主觀力很強，林語堂比較偏向客觀方面。

魯迅的作品裡充滿了忿怒，悲傷與絕望；林語堂則始終澹澹泊泊的。魯迅的小說的聲音是強壯而沉重的；林語堂的小說的聲音則無寧說是輕快、爽然。魯迅的作品垂著淋漓的鮮血；林語堂的作品則吐著靜靜的呼吸。

魯迅的作品是浪漫的；林語堂的作品非浪漫的。所以魯迅的作品是『國民性』的，林語堂的作品是『社會性』的；魯迅對於『中國國家人』的意識很強，而林語堂則僅是『中國人』的意識而已。

他又指出他兩人走到天涯海角也不能相會的兩個人，一言以蔽之，「魯迅是個詩人，林語堂是個小說家」的批評。

他所批判的有許多是對的，然而他們兩個個性是不同，因為所學的和對於社會觀人生觀的觀點也各不同，自然對於寫作是截然兩途，固然不能使魯迅去學林語堂，同時也不能叫林語堂去學魯迅。古人所說「各有千秋」一句話，真是千古不磨的定論。

林語堂在國外所發表的三部著作，如《吾國與吾民》、《生活的藝術》和《京華煙雲》，是三位一體的著作，雖然前者兩部是散文，後者是小說，然從思想上說來是一致的，這是凡是讀過這三部書的人都能夠明白，用不著贅說。

拉雜寫來，雖是片斷的敘述，可是他們兩人的思想和人生，也可以得到一個輪廓了。

附錄　林語堂與魯迅的分合

蔡登山

一九三六年十月十九日魯迅在上海病逝，其時林語堂身在紐約，第二天見到電訊深感驚愕。次年一月他發表〈悼魯迅〉一文，在文中說：「魯迅與我相得者二次，疏離者二次，其即其離，皆出自然。」我們回顧林語堂和魯迅長達十一年的交往，大概可以概括為「結交——斷交——復交——絕交」四個時期，也就是林語堂所謂「相得二次、疏離二次」。其中分分合合，有其然，也有其不得不然，值得再三玩味。

說到兩人第一次「相得」時期為一九二五年十二月五日——一九二九年八月二十八日。在這將近四年的時間裡，僅在《魯迅日記》裡有案可查的林、魯交往，就有八十八次之多，不可謂不密也。

一九二四年底，《語絲》和《現代評論》雜誌分別先後在北京創刊，新文化陣營裡的分化進一步加劇，北大教授們形成了壁壘分明的兩派，前者以周氏兄弟為首（雖然當時兄弟已失和），後者以胡適為領袖。

林語堂與胡適同為北大英文系的同事，系裡的教授陳西瀅和溫源寧等人皆為胡適派的要角，按說林語堂參加胡適派是合乎邏輯。然而出人意表的，林語堂卻成為周氏兄弟的忠實盟友，成為「語絲」派的急先鋒。在女師大學潮、五卅運動和「三一八」慘案中，林語堂站在群眾運動方面，寫了〈祝土匪〉、〈說文妖〉、〈讀書救國謬論一束〉、〈丁在君的高調〉、〈悼劉和珍楊德群女士〉等文，對封建軍閥政府及走狗文人，進行了揭發和鬥爭。這些文章後來多數收入開明書店出版的《剪拂集》中，這標誌著林語堂作為「語絲社」成員的戰績。同時他和魯迅目標一致，對段祺瑞政府和「現代評論派」，展開激烈的批判。接著段祺瑞於一九二六年四月間被迫下台，直系軍閥吳佩孚和奉系軍閥張作霖盤據北京，恐怖氣氛籠罩全城。

這時報上傳布軍閥政府予以通緝的五十人名單，林語堂也名列其中。於是，一場自北向南的「大遷徙」和「大逃亡」開始了。林語堂於是來到廈門大學，任語言學正教授、文科主任兼研究院總秘書。魯迅則應林語堂之邀，也赴廈門大學任教，然而後來因為學校當局克扣文科經費，違背了出版魯迅學術著作的諾言，再加上「現代評論派」的勢力（顧頡剛等人）的不斷入侵，致使魯迅改變在廈大任教兩年的計劃，提早於一九二七年一月轉赴廣州，任廣州中山大學教職。而林語堂也於同年春天離開廈大，去了武漢。雖然如此，他們兩人的關係還是相當融洽的。林語堂在〈悼魯迅〉文中說：「我請魯迅先生至廈門大學，遭同事擺佈追逐，至三易其廚，吾常見魯迅開罐頭在火酒爐上以火腿煮水度日，是吾失地主之誼，而魯迅對我絕無怨言，是魯迅知我。」

一九二七年十月三日，魯迅偕同許廣平從廣州到了上海，而早在一個月前從武漢回到上海的林語堂得知後，當天晚上就去拜訪魯迅，《魯迅日記》寫道：「玉堂（林語堂）、伏園、春台（案：孫伏園之弟孫福熙）來訪，談至夜分。」而第二天，「午前伏園、春台來，並邀三弟（案：周建人）及廣平至言茂源午飯，玉堂亦至。下午六人同照相。」這張六人合影，就是一般人盛傳的魯、許的「結婚照」，參加者都為魯迅最親近的人。

一九二九年八月二十八日，《魯迅日記》云：「……晚霽。小峰來，並送來紙版，由達夫、矛塵（案：章川島）作證，計算收回費用五百四十八元五角。同赴南雲樓晚餐，席上又有楊騷、語堂及其夫人、衣萍、曙天。席將終，林語堂語含譏刺，直斥之，彼亦爭持，鄙相悉現。」這是兩人因衝突而第一次「疏離」的時候，從此到一九三三年一月十一日止，在這三年又四個月的時間裡，《魯迅日記》裡沒有任何有關兩人交往的記載。至於兩人發生衝突的具體情況為何，魯迅始終沒有提及，而林語堂直到一九七四年才舊事重提，但因經過四十餘年，有些情況是誤記了。事情的起因是由於北新書局老闆李小峰因拖欠不付魯迅稿酬事，魯迅因版稅問題長期得不到解決，又聽說李小峰將錢拿去開紗廠了，故委託律師楊鏗代為交涉。李小峰得知後，要求和解，並電請當時在杭州的郁達夫參與調停，郁達夫又請章廷謙（川島）來滬一同調解。八月二十五日在楊律師處調解達成協議，魯迅答應暫時不提出訴訟，「北新願意按月攤還積欠兩萬餘元，分十個月償還；新欠則每月致送四百元，絕不食言。」因此才有八月二十八日李小峰在南雲樓設宴之事。根據當時在場的郁達夫後來的回憶：「衝突的原因，是在一個不在場的第三者，也是魯迅的學生，當時也在經營出版事業的某君。（案：指張友松）。北新方面，滿以為這一次魯迅的提起訴訟，完全係出於這同行第三者的挑撥。而忠厚誠實的林語堂，於席間偶爾提起了這一個人的名字。魯迅那時大約也有了一點酒意，一半也疑心語堂在責備這第三者的話，是對魯迅的諷刺；所以臉色發青，從座位裡站了起來，大聲的說：『我要聲明！我要聲明！』他的聲明，大約是聲明並非由這第三者的某君挑撥的。語堂當然也要聲辯他所講的話，並非是對魯迅的諷刺；兩人針鋒相對，形勢真弄得非常的險惡。在這席間，當然只有我起來做和事佬；一面按住魯迅坐下，一面我就拉了語堂和他的夫人，走下了樓。」在同年九月十九日郁達夫給周作人的信，還提到魯迅與北新算版稅及與林語堂反目的兩件事，郁達夫認為「前者是魯迅應有的要求，後者是出於魯迅的誤解。」，並說自己與川島「在場作中間人」。

一九三二年十二月十八日，宋慶齡、蔡元培、楊杏佛、林語堂等五人發表宣言，發起組織中國民權保障同盟。同月二十九日，民權保障同盟正式成立。正是民權保障同盟的成立，為魯迅和林語堂，創造了第二次的「相得」時期，在這一年又七個月的時間裡（一九三三年一月十一日——一九三四年八月二十九日），兩人的交往，根據《魯迅日記》的記載，就有三十九次之多。一九三三年一月十七日，民權保障同盟上海分會成立，到會十六人，魯迅、林語堂同被選為分會執行委員。據鄒韜奮回憶說，中國民權保障同盟「開會時總是和上海分會開聯席會議」，「每次參加者有蔡先生、孫夫人、她的英文秘書史沫特萊女士、魯迅、林語堂、楊杏佛、胡愈之諸先生，我也忝陪末座。每次開會總是由蔡先生主持，因為有西人參加，中文文件每由林先生當場譯為英文，譯得很恰當。」

而就在民權保障同盟成立之前的三個月——一九三二年九月十六日，林語堂創辦了一份在當時頗受歡迎的刊物——《論語》半月刊。它是以幽默為其特色，對於這一點，魯迅並不贊成，但是在此時他也並不怎麼反對，因此他還在上面發表了一些文章。一九三三年二月十七日，諾貝爾文學得主、著名的愛爾蘭幽默作家、世界反帝大同盟名譽主席蕭伯納，環遊世界的途中在上海停留一天。《魯迅日記》在當天記載：「午後汽車賚蔡先生信來，即乘車赴宋慶齡夫人宅午餐，同席為蕭伯納、伊（案：指伊羅生）、斯沫特列女士、楊杏佛、林語堂、蔡先生、孫夫人，共七人，飯畢照相二枚。」這次「迎蕭」活動，在魯迅和林語堂兩人的文學生命史上分別留下了不滅的印記。在《論語》半月刊第十二期的「迎蕭專號」上，林語堂一口氣寫了五篇文章，魯迅也寫了〈誰的矛盾〉一文，另外又寫了〈看蕭和「看蕭的人們」記〉給日本東京的改造社。事後又編了《蕭伯納在上海》一書。

林語堂主編《論語》半月刊到二十七期後，由於產權的爭執，他便交給陶亢德去編，然後另起爐灶，為良友圖書公司辦《人間世》半月刊。《人間世》於一九三四年四月五日創刊。林語堂在〈發刊詞〉中說：「《人間世》之創刊，專門登載小品文而設」，而小品文「本無範圍，特以自我為中心，以閒適為格調」，「宇宙之大，蒼蠅之微，皆可取材，故名之為《人間世》」。比〈發刊詞〉更惹是非的，是刊登了周作人〈五十秩自壽詩〉和眾多的唱和詩。衝著它而來的是署名「野容」（廖沫沙）發表於《申報．自由談》的〈人間何世？〉一文，它對林語堂和他的新刊物展開了討伐。

同年八月十三日，魯迅在給曹聚仁信中說：「語堂是我的老朋友，我應以朋友待之，當《人間世》還未出世，《論語》已很無聊時，曾經竭了我的誠意，寫一封信，勸他放棄這玩意兒，我並不主張他去革命，拚死，只勸他譯些英國文學名作，以他的英文程度，不但譯本於今有用在將來恐怕也有用的。他回我的信是說，這些事等他老了再說。這時我才悟到我的意見，在語堂看來是暮氣，但我至今還自信是良言，要他於中國有益，要他在中國存留，並非要他消滅。他能更急進，那當然很好，但我看是絕不會的，我絕不出難題給別人做。」然而對此事，林語堂有辯解，他說：「我的原意是說，我的翻譯工作要在老年才做，因為我在中年時有意思把中文作品譯成英文。孔子說，四十不惑，五十而知天命，現在我說四十譯中文，五十譯英文，這是我工作時期的安排，哪有什麼你老了，只能翻譯的嘲笑意思呢？」雖是如此，但這件事在兩人身上已劃下深深的裂痕。

一九三四年八月二十九日的《魯迅日記》云：「上午……復語堂信。」這大概是兩人交往最後的一次出現在日記中，從此林語堂的名字完全消失了。雖然九月十三日他們還在曹聚仁家中見過一次面，但那次聚會對林語堂而言是相當難堪的。據在場的陳望道的回憶：「沒有絲毫的奴顏和媚骨，是魯迅先生的最可寶貴的性格。他對於那些買辦文人崇洋媚外的奴才相、『西崽相』，總是投以極大的鄙視和憎惡。我記得，有一次是曹聚仁先生請客，請了魯迅先生；林語堂也來了。席間，林語堂誇誇其談，得意地說道：

『有一次在香港，幾個廣東人講廣東話，像講國語似的，講得很起勁；我就同他們講英語，就把他們嚇住了……』魯迅先生聽到這裡，怒不可遏，他拍著桌子站起來指斥林語堂：『你是什麼東西！你想借外國話來壓我們自己的同胞嗎？……』弄得林語堂當眾出醜。當時，我，還有幾個朋友，都覺得魯迅先生對，在感情上和他共鳴的，而討厭林語堂的那副『西崽相』。」從此魯迅和林語堂兩人便再也不見面了，魯迅要赴的集會，只要聽說林語堂也在那兒，他就絕不進去。

一九三四年九月二十日，《太白》半月刊在左翼作家的支持下創刊。他們以抵制「論語派」的幽默小品為己任，提倡「新的小品文」。一九三四年十一月十八日，魯迅作〈罵殺與捧殺〉批評林語堂、劉大杰，從此一發不可收。尤其到了一九三五年，幾乎每期《太白》上都有魯迅以化名所寫的批「林」文章。而為紀念創刊半年，《太白》推出了一本名為《小品文和漫畫》的紀念特刊，由魯迅、茅盾等五十八位「太白派」作家撰稿，其中許多文章都是批判「論語派」的，批「林」浪潮被推到了高峰。

聲勢浩大的批判浪潮，並沒有使林語堂畏縮。相反的，在他弄清了火力點的方位主要在左翼之後，他寫了〈作人與作文〉、〈我不敢再遊杭〉、〈今文八弊〉等文章，為捍衛自己的文藝觀點而戰。而就在〈今文八制〉發表後四天，魯迅寫了〈「題未定」草（一至三）〉全力反擊。一九三五年八月二十三日，魯迅更作〈逃名〉一文，把林語堂的編英文教科書和推崇明袁中郎，都列入了文壇醜惡現象加以鞭撻。

回看林語堂和魯迅的「相得二次、疏離二次」，其間大有深意。據《周作人日記》，林語堂和周作人早在一九二三年十一月三日在一次宴會上認識，在此後《語絲》的聚會中常常見面。而最早提倡「費厄潑賴」（Fair Play）的不是林語堂而是周作人，他在一九二五年十一月二十三日出版的《語絲》第五十四期〈答伏園論「語絲文體」〉一文中提出，而林語堂接著在同年十二月十四日出版的《語絲》第五十七期上發表〈插論語絲的文體——穩健、罵人及費厄潑賴〉響應周作人的論點，但這也引發了魯迅在半個月後寫就的〈論「費厄潑賴」應該緩行〉（刊登於一九二六年一月十日《莽原》半月刊第一期）的反擊。魯迅與周作人早於一九二三年七月間失和，《語絲》的聚會魯迅亦不參加，而此文雖實指——周作人，但又不好與之爭辯，因此他點了林語堂的名。對於魯迅的批評，林語堂從善如流，不僅放棄自己的立場，而且還積極投入魯迅所發起的「打狗」運動，兩人開始相交，並很快親密起來。雖然一九二三年林語堂從歐州留學歸來進了北京，並不是為了見魯迅，但一九二六年魯迅去廈門卻是因為林語堂。而南雲樓風波，是雙方的誤解，而不是「思相上的分歧」。正因為是「誤解」，所以才會有「和解」，因為魯迅至死對於怨敵是「一個也不寬恕」的。因此到了第二次因「思想上的分歧」，他們的疏離是必然的，而且不可避免。魯迅和林語堂從親密的朋友終至於決裂，其原因是他們為各自的人生做了不同的定位。魯迅從一九二八年革命文學論爭到一九三〇年參加「左聯」，他的文藝思想發生了明顯的變化。他不僅與「語絲派」逐步分道揚鑣，而且成了「左聯」的一面旗幟和一個戰士。他積極參與了「左聯」的各種政治和文藝鬥爭，在對「新月派」、「民族主義文學」、「第三種人」以及「論語派」等的鬥爭中大顯身手。他提出文學應該是「無產階級解放鬥爭的一翼」，取消了「同路人」的概念，認為「第三種人」根本不可能存在。他批評周作人、林語堂的「性靈文學」和小品文，斥為「小擺設」，認為「在風沙撲面、狼虎成群的時候，誰還有這許多閒工夫，來賞玩琥珀扇墜、翡翠戒指呢」。因此他提出：「生存的小品文，必須是匕首，是投槍，能和讀者殺出一條生存的血路的東西。」因此，在很大程度上，他也就否定了原來「文學是餘裕的產物」的觀點，而接受了「藝術的武器，武器的藝術」的觀點。

當然他這些論點，是林語堂所不解的，林語堂始終認為「辦幽默刊物是怎麼一回事？不過辦幽默刊物而已，何必大驚小怪？……充其量，也不過在國中已有各種嚴肅大雜誌之外，加一種不甚嚴肅之小刊物，調劑調劑空氣而已。原未嘗存心打倒嚴肅雜誌，亦未嘗強普天下人皆寫幽默文。現在批評起來，又是什麼我在救中國或亡中國了。……現在明明是提倡小品文，又無端被人加以奪取『文學正宗』的罪名。夫文學之中，品類多矣，吾提倡小品，他人盡可提倡大品……」兩人至此已走上不同的道路，其分手是必然的。然而儘管如此，兩人對於對方的成就均予以肯定。當在一九三六年四、五月間，埃德加・斯諾問魯迅：「最優秀的雜文作家是誰？」魯迅說了五個人，依次為周作人、林語堂、周樹人（魯迅）、陳獨秀、梁啟超。魯迅還把林語堂的名字排在他的前頭。而林語堂對魯迅又如何呢？他說：「吾始終敬魯迅；魯迅顧我，我喜其相知，魯迅棄我，我亦無悔。大凡以所見相左相同，而為離合之跡，絕無私人意氣存焉。……《人間世》出，左派不諒吾之文學見解，吾亦不肯犧牲吾之見解以阿附初聞鴉叫自為得道之左派，魯迅不樂，吾亦無可如何。魯迅誠老而愈辣，而吾則向慕儒家之明性達理，魯迅黨見愈深，我愈不知黨見為何物，宜其剌剌不相入也。然吾私心終以長輩事之，至於硜硜小人之捕風捉影挑撥離間，早已置之度外矣。」這大抵都可視為兩人的肺腑之言。

詩壇耆宿陳三立

陳三立

全面抗戰的近因，是倭寇於民廿六「七七」在蘆溝橋畔借故向我開釁。北平就在七月二十九日淪陷，一班舊官僚軍閥政客們，到處活動，卻有一位八十五歲高齡的老詩翁陳散原（三立）絕食逝世，這真是保存兩間的正氣，給那些無脊柱蛆蟲的一個深刻教訓。

談到陳散原，他對提倡新學，盡過一番力量。可惜當年政敵太多，弄到他父子們（他的父親寶箴，是湖南巡撫，勵精圖治，舉行新政。）革職，永不敘用。先是陳寶箴與丁惠康、吳保初、譚嗣同四人，海內稱為四公子，聲名籍甚。黃遵憲組織南學會，性質在講學論政之間，主持的就是黃、陳二人。梁啟超入湘講學，湘京官多表示不滿，且有用無名子攻訐揭帖寄按察使署。當時有一部分人本極守舊，如郭嵩燾回籍，乘船由汽輪拖帶，有些人見著。罵為「洋奴」，投擲磚石，三書院生斥為「名教罪人」，焚了郭的《使英日記》等書。郭死，還有人主張掘他墳墓的，後來拳匪亂變，御史左紹佐竟形諸奏章，可說頑固到極。又有周漢、崔晦貞、彭查等，組織學社，反對西學。張之洞正在提倡輪船、路礦，時遭阻撓，無可奈何。陳寶箴深覺這些頑固之徒，實在可惡，行文逮捕監禁，燬焚他們的播散文字，翁文中引孔子誅少正卯故事。因此，新舊兩派，勢成水火。戊戌變政的一幕，曇花一現，陳氏父子便遭連帶去職了。散原受了重大刺激，從此縱情山水，潛心詩文，絕口不談時事，築「散原精舍」於南京，其後則在上海、杭州、廬山，北平等處寄寓。

陳氏的詩，工力甚深，標格清俊，文則清醇雅健，格嚴氣俊，在數十年來的舊詩文壇中，可說是泰山北斗的位置。汪國垣三十年前所寫《光宣詩壇點將錄》，即奉他為「詩壇都頭領、天魁星及時雨宋江」。並有詩評他：「撐腸萬卷饑猶饜，脫手千詩老更醇。雙井風流誰得似？江西一脈此傳年薪」。推崇備至，可見一般。

光緒八年，陳寶琛典試江西，當時洪鈞（賽金花之夫）是江西學政充鄉試臨監，和寶琛商談取士之法。洪是主張應取才華英俊之士，才符春風桃李之旨。寶琛卻說，應以歲寒松柏為主。結果用「歲寒然後知松柏之後凋」為題。這一科，陳氏中式舉人。在科舉時代輩分說來，寶琛是他的座師。民十九，陳氏八十生日，寶琛贈他詩句；「平生相許後凋松，投老匡山第幾峰？見早至今思曲突，夢清突地省聞鐘。真源忠孝吾猶敬，餘事詩文世所崇。五十年前彭蠡月，可能重照兩龍鍾！」可見他倆白頭師弟的風義。過了三年，陳氏北上，住在北平他的兒子寅恪的家。有一天，特去拜訪老師，那時他已八十二歲，寶琛是八十七歲，聚首話舊，歡然也是黯然。民二十四，寶琛逝世，陳氏輓詩云：「一擲耆賢與世違，猥成後死更何依！傾談侍坐空成夢，啟聖回天俟見機。終出精靈親斗極，早彰鳳節動宮闈。平生餘事仍難及，冠古詩篇欲表微」。工練沉著，彼此的身分，也都能說到了。

記得他住在杭州白傅路一號的時候，有一次我由上海去拜訪他，順便請他寫屏幅。他寫錄〈甲午中日戰後贈黃遵憲〉的詩，詩云：「千軍治亂於今日，四海蒼茫到異人。欲挈頹流還孔墨，可憐此意在埃塵。勞勞歌哭昏連曉，歷歷肝腸久更新。同倚斜陽看雁去，天迴地轉一沾巾」。烈士暮年，壯志仍在，可見此老的思想與心志。我的紅樹室圖，承他在久戒吟詠的時候，破格的題有一詩：「宛展營邱潑墨圖，丹青翠嶂雜模糊；

插椽箕斗笙歌動，霜氣彌天雁答呼」。又題我的《時人書畫集》詩：「掃除聖法等秕糠，坐視傳薪國粹亡；賸有癡兒角餘技，對凝神血作光芒」。當我四十歲生日，承他寫錄〈黃家坡觀瀑〉七古長句見賜，後來我請大千作觀瀑圖，合裝成卷，時相欣賞。

十年前，慈谿馮開、紹興諸宗元先後去世。馮的墓誌銘，諸的墓碑字，都是由我請他老人家撰寫的。他對馮氏墓志銘回信說：「與君木（馮的別號）有一日之雅，重以從者之屬，幽銘之文，自不敢辭」。而於諸的逝世回信卻說：「貞壯（諸的別號）遽逝，此才所惜」。表彰死友，可見他篤念故人的情摯。諸的墓碑，是寫「詩人諸貞壯先生之墓」。推許之深，可和羅惇曧墓碑南北相輝映了。

陳氏性極誠篤，喜歡獎掖後進，但對於想著借事標榜，或大言過實的，也為之立辯，不稍留情。聞他在南京時，一日有民國初年曾開府邊疆的某甲去訪他，自誇記誦廣博，陳氏問某甲平日讀何書最熟。某答，「致力勤的，不可勝數，即如四史，人多苦他卷帙繁多，而我能背誦不遺漏一句。」陳說，「真是不容易。我剛要寫一文，想引用天官書，苦於記憶不清楚。君既然精熟，請替我念出，給我省卻了翻檢的麻煩。」某甲呆了半晌，面紅耳赤而去。

入民國後，陳氏平日和朋友往來信札，所寫日子，多用陽曆，而少用廢曆。這一點，就是和其他一般所謂遺老的思想不同，這是值得注意的。在「九一八」以後，有許多遺老出關，繼續向溥儀稱臣或是在淪陷區裡向敵人送秋波。而陳氏呢，卻因北平陷敵，幽憂孤憤，絕食殉國，他是忠於中華民族的，與那些認賊作父的遺老有涇渭之分，薰蕕之別了。

標榜文治徐世昌

徐世昌

徐世昌，由前清光緒中葉而至民國二十年以前，在中國政治上的消長，自有他的特殊位置。從科舉時代的翰林出身而至總督、尚書、大學士、太保。在民國為國務卿而至大總統，兩朝元老，宦海煊赫。雖然逝世到今，已歷多年（徐於民廿八年六月六日病沒天津，年八十三歲。）而徐世昌的名字，還是給注意中國近代政治的重要資料。徐在中國四十年來的治亂消長，實有深遠的經歷與關係，他生平的事跡怎樣呢？園田一龜的《新中國人物志》把他和馮國璋稱為「直隸派之二大元老」，如云：

徐、馮兩氏，為河北文、武兩派之棟樑。俗所謂之「直隸派」，一般以為僅指河北軍閥而言，實則文治派亦包含在內。譬如以官僚為中心之徐世昌系之文治派，與夫以武人為中心馮國璋系之武力派，合而為河北人之「直隸派」。……河北人官僚政治家，皆以徐為靠山，而登榮達之階梯。故徐、馮兩氏為文武河北人之登龍門之援手者。……

繼著敘述徐的簡史云：

民國歷代大總統中，唯一學者之徐世昌氏，為明朝開國元勳中山王徐達之後裔，前清之進士，官僚政治家之巨頭也。其在政界初露頭角，係在拳亂之後。及袁世凱得勢，受其庇護推轂，以有今日。蓋徐少孤，受袁叔父撫育，與袁自幼為兒童竹馬之交，有特殊關係故也。歷年累進官界，袁愈得勢，其升進愈速。光緒三十二年十一月，以民政部尚書資格，隨貝子載振視察日俄戰後之滿洲。翌年四月，因其建策，得任命為東三省總督，與奉天巡撫唐紹儀相伴赴任，銳意努力創施新政，昭昭在人耳目。在任二年，適值兩宮崩逝，袁世凱失勢，宣統元年二月，轉郵傳部尚書後二年，歷任協辦大學士，軍機大臣，弼德院顧問大臣，不次擢遷，極人臣之位。辛亥革命後，為幼帝之師傅。民國三年七月，欲遊日本，與陸宗輿至大連，與將往俄國之桂太郎公爵相會，因病未果渡日。三年五月，入袁世凱解散國會後之政府任國務卿。旋因籌安會發生，袁之帝制運動以起，遂於四年十月辭職。袁氏實現帝制後，徐氏與趙爾巽、李經義、張謇等共列為「嵩山四友」，為有名之事實。五年三月，帝制取消後，復任國務卿，旋於四月辭職。六年七月，張勳復辟，氏以遺老資格，由清室頻下優詔以招之，因形勢不利，卒未敢應。民七，段祺瑞等組織北方之武力派，由新國會選舉為大總統，故得在北方軍閥支扶下，保其地位。至民十一年五月，奉直戰後，因與舊國會結托，遂被直隸派認為非法總統，逐之下野……

這一段話，尚須有若干的補充與訂正。徐非徐達的嫡裔，而出身為翰林。徐與袁世凱為密友，但非兒童竹馬。徐亦非由袁叔父所撫育成人。民初，沈祖憲、吳闓生合編的《容菴弟子記》（容菴，是袁世凱在故鄉所用的齋名。）卷一有記徐、袁於光緒廿四年在豫省訂交起始云：

天津徐相世昌以孝廉館淮寧縣署，往遊公（案：指袁世凱）別墅，閽者外出，公方在仰山堂讀書，徐公不問主人，逕入。公起立，揖談，互相傾服，遂定交。徐公無力入都應試，公助以川資，始克成行。

可是沈、吳所述的也有些錯誤，因為徐捷秋闈，是在光緒八年，而非光緒四年，光緒四年稱徐為孝廉，尚未到其時。沃丘仲子（費行簡）的《近代名人小傳‧徐世昌》有云：「壬午（案：為光緒八年）中式順天鄉試歸……」這句話較為確實。至徐成進士，是在光緒十二年丙戌，繼入翰林館。光緒廿一年，袁世凱以浙江溫處道奉旨赴小站督練新建陸軍，不久，徐應袁邀任營務處，是為徐與袁共事之始。那時袁職官監司，出身又不是科目，較有聲望的翰林，都不屑入去共事，可是徐肯幫忙，可見袁徐兩人的關係。

據說後來袁在戊戌政變的告密，也出於徐的計謀，如此，袁、徐二人在政治上的關聯，也可知了。

徐在政治舞台的露頭角，是在庚子拳匪之亂，那拉氏及載湉奔赴西安，徐由兩湖總督張之洞，山東巡撫袁世凱的保薦，召見於行在，同時召見的還有吳永、孫寶琦二人，均奉旨以道員記名簡放。過了十天，吳即先被簡放，怎知事後徐的做官到大總統，孫也做務總理，吳呢？在清末官止道員，入民國也僅任道尹，國務院秘書等職。比之徐、孫，有幸與不幸，然而也可以見徐的官運後來居上了。

說到徐的官運，王伯恭的《蜷廬隨筆》徐菊人條也有談及，摘錄如左：

向來翰林遷轉，雖有六年資格，而每遇缺出，必以二十人引見，皆為首者得旨補授，餘十九人隨班而散，俗謂之「擡轎」。光緒壬寅之冬，國子監司業出缺，吾鄉朱延熙引見居首，以為必可得矣，散朝後，普請成均長官於東華門九和興酒樓。未終席，得報司業已放徐世昌，遂匆匆一揖而散。徐之班次在第十三，越級得之，異數也。……

按例，徐之越級升擢，舊官場術語叫做「翻牌子」。王謂徐的班次在十三，但查光緒三十三年御史江春霖奏疏中敘述徐有云：「民政部尚書徐世昌前以第十四名之編修升司業」一句，三與四相差一名，不知誰的確切？徐受清廷知遇，沃丘仲子的〈徐世昌〉也有談及：

迨回鑾，世凱迎駕，面奏：世昌學兼文武，才優幹濟。特宣入對。孝欽見其體貌英挺，音吐清揚，大喜。諮以直魯軍防，條對明晰。翌日，后告榮祿曰：「徐世昌或足繼李鴻章之後乎？」……

徐的受清酋期許如此，故他供職中樞，不次升擢，是有特殊因緣的。擢徐國子監司業後，指日高升，徐一士的談〈徐世昌〉有說：

翌年，設商部，以慶親王弈劻長子載振為尚書，徐氏擢右丞（六品升三品）時慶袁正相善也。旋以練兵處設立，開缺以內閣學士候補，並加副都統銜，充提調。（弈劻管理練兵處，袁世凱為會辦。下置三司，劉永慶充軍政司正使，段祺瑞充軍令司正使，王士珍充軍學司正使，皆北洋人物。）明年，署兵部侍郎，又明年（光緒卅一年），奉派檢閱北洋所練常備軍各鎮，命在軍機大臣上學習行走，兼督辦政務處大臣，會辦練兵事宜，以兵部左侍郎署尚書；贊機要，典戎政，遂為中樞要人焉。（軍機同列為弈劻、鹿傳霖、瞿鴻禨、榮慶、鐵良。）是年六月，奉派偕載澤等出洋考察政治，七月出發，以中站突遇炸彈（吳樾所為），改期啟行。九月設巡警部，徐氏留充尚書，真除正卿矣。由編修而實官尚書，其間僅三年耳，神速可驚也。（其在軍機大臣上學習行走，係五月奉旨，至十二月，去學習字樣，乃為正式軍機大臣。）

觀此，所謂「學兼文武，才優幹濟」的徐世昌，一帆風順，軍民兩政，都嘗試到了。

徐任東三省總督，可以說是他在清代執政較有成績的治績，可是毀譽參半。說他辦理外交能夠委曲求全，解決不少懸案，消弭禍患的，如湯用彬（編案：湯用彤之兄）的《新譚往雜著》，就是一個例子，如云：

解決東省中日懸案，徐世昌實任其難。當日俄戰罷，日人在東勢力極盛，其僑民亦憑藉政府威力，為種種之要索。趙爾巽任東督時，持極端強硬態度，日人老羞成怒，要挾更甚。趙不堪其擾，自請去職。時徐世昌方以民政部尚書偕載振巡察東邊，返京陳述東省情形，廷議甚嘉之。適趙氏自劾書至，遂命世昌督東三省，並特派兩參贊輔翼之，奉吉黑三撫遇事不得專行。當世昌蒞東，任奉撫唐紹儀莞外交，與紹儀商，中日懸案，強半薄物細故，長此糾纏，與內政進行，甚有妨礙，不若即時解決，其關係較巨者，徐徐磋商。紹儀是之，遂一月解決十七案。輿論謂為喪失國權，大譁，臺諫交章論劾，賴袁世凱入軍機，遇事營護，得免罷斥，然自是世昌亦不敢銳意有為，遂有數大懸案未結。錫良繼世昌任，盡反所為，遂有安奉鐵道自由行動之辱焉」。

徐的辦理交涉，高瞻遠矚，實亦費煞苦心。不諒解的反而說他種種蜚語，然而東三省的禍患，就因為他遭受各方的責難，沒能夠如意的繼續解決懸案，而使後來事變叢生，這真使他目擊「九一八」事變，不禁的痛心疾首的懊憤。我們今日追述這些往事，不能不說徐有深識遠見。但是在別方面來說，徐在東三省大事鋪張，粉飾政治，沃丘仲子的〈徐世昌〉裡便有譏評，如云：

先撥賠款二十萬為行政費，大調京外官吏，各縣皆立巡警、勸學所、農會。其時中國新政以奉天為完備，然亦徒有形式，以京奉咫尺，京師要人爭投薦牘，所調用者，大都此曹。如道員李鳳年為李蓮英姪，直牧王蔭第為王聯喜姪，皆權閹也。又務增局所，位置私人，一省城有民政司、巡警道、巡警局總辦、鄉鎮巡警局總辦四者，他亦類此。所謂科長科員者，無所事事，唯日徵逐狎游，故其時吏治不修，亦以東三省為最。南中亡賴，捏稱府經縣丞職銜，即可託人營一差，多者月百餘金，至薄亦五十金。一時署員、局員、投効員充塞會垣，劇園、酒肆、娼寮、百業繁興。氏頗自矜其敷行新政之力，謂已變荒陋為繁庶。……

徐氏治東內政，可名為形式的官僚政治。其建築奉天公署，費三十餘萬，器具費十餘萬，宏壯華麗冠各省。後載濤自歐考察陸軍歸國，經奉天，見馬路、電燈、軍警無不備具，及駐宿公署，儼然歐式，益服世昌新政經畫非他疆吏所及，還朝即力薦其值樞府焉。

其治東三省首營公署，築西式樓數楹，繚以複廊，其中簾幔几榻燈屏，皆用舶來品，費至巨萬。其自住眷屬所，陳設華麗，與公署埒。

這是說徐在東三省虛糜公款，廣設駢枝機關安插冗員，著眼在建築設備起居享樂之用，徒然是粉飾政治。王小航的《方家園雜詠紀事》對此也有述及，如云：

徐世昌之總督東三省也，先以數十萬金建新公署，其奏章曰：以聳外人觀聽。而此摺且發刊宮門鈔，外人騰笑。

真是笑話，建築新公署目的是「聳外人觀聽」，此種思想，未免淺薄，無怪當時有若干人對徐之張皇形式而加以貶詞了。

園田一龜的《新中國人物志》所說：「在任二年，適值兩宮崩逝，袁世凱失勢……」。這是光緒卅四年的十月，載湉（光緒）和西太后死，載灃攝政王監國，袁世凱不安於位被逐。徐與袁本同一系，照理也該失勢，可是徐靠著運用手腕權術，善於應付，居然於宣統元年正月，內召入關，任郵傳部尚書，徐因此有說「我今生入玉門關，不能不佩閏生（陸宗輿字）之有先知。」於此可以知道當年陸宗輿曾替徐詳密籌劃，故徐能夠在危疑震撼的風浪中，不特穩如泰山，沒有動搖，反而回朝居高位，徐之運用權術，躊躇滿志，可見一斑。陸宗輿當日與章宗祥、金邦平、曹汝霖四人，均為留日學生受知於徐。後來五四運動，陸、章、曹三人，都是被群眾視做應該打倒之列的賣國賊，那時徐是大總統，這是後話了。

徐的官運亨通，前已說及。宣統三年，清廷撤裁軍機處和內閣，改置所謂責任內閣，奕劻為總理大臣，徐和那桐為協理大臣；奕劻、那桐均屬清室親貴，而徐卻為漢人，徐受清廷的賞識，可以概見。宣統三年辛亥秋間，革命黨人在武漢起義，全國震動，清廷驚駭，起用袁世凱，組織內閣，徐因此改任軍諮大臣。不久，與世續同被命為太保。於是生加三公，在專制政府期間，此為曠代榮典，自然，徐自己也感到莫大的榮幸。

滿清專制政府傾覆，中華民國成立，南北統一，袁世凱就任臨時大總統，徐呢，便到青島去做寓公。當時青島是一般所謂遺老們的廣集地帶，那些遺老還是拖著辮子過其暮年生活，表示效忠清朝。徐卻剪去辮子，期望著東山再起入仕民國之念，與那些遺老截然分途，其實這是他做的手法。民二，袁曾邀徐組織內閣，徐體察情形，認為時機未到，辭不肯出。到了袁當選大總統，剛愎自用，排斥異己，實行獨裁的專制政治，解散國民黨，取消國民黨籍的國會議員，繼著且宣告解散國會，改內閣制為總統制。在「新約法」中規定「行政以大總統為首長，置國務卿一人贊襄之」。設政事堂於大總統府，為國務卿辦公之地。政事堂等於清末的內閣，國務卿權高於閣丞，隸屬大總統之下，等於前清的軍機大臣，此種不倫不類的民國官職，徐之放棄溥儀師傅不幹，毅然出任國務卿，他是想著後來繼任大總統，深謀遠略，故肯出就。換一句說，那時袁世凱已經儼然以皇帝自居，國務卿也就是相國，果然，過了些時，頒佈文官官秩令，特授徐上卿之秩，冠於百官。袁野心漸露，結果，終於叛國稱帝。帝制議起，徐曾表示意見，袁不接納。徐知反對無效，只得引退，婉詞向袁告辭，說是舉大事的，親信的人，不必全數參與，應該有若干人置身事外，準備大計萬一行不通順的時候，也有人在外為之轉圜周旋。我今日的求去，絕非只為個人的問題。袁聽著徐這番別有存心的話，知道他的策略，也不強為堅留，這也是徐的手段。原來徐的擔任國務卿，放棄溥儀的師傅不幹，目的是覬覦繼任大總統。可是袁既稱帝，深覺希冀絕望，又蒙「三朝元老」之名，是犯不著的，故特提出辭職。故袁死而徐必要一嘗總統滋味，才肯甘心。袁是洞澈徐隱，當時金匱石室，宣傳第一名字是徐世昌，是徐的親近阿諛，投其所好，而先預為布置的。徐離職後，徐與趙爾巽、李經羲、張謇四人，被袁同列「嵩山四友」。所謂四友，志願不同，地望各異，實以徐為對象，其他有類嬪相配襯，這也算是洪憲醜劇中的滑稽插曲。

袁世凱帝制失敗，還是戀棧，覥然的攫著總統不肯放棄，徐也回任國務卿，為袁轉圜。代表袁出席參政院，替袁曲解辯護。袁初想靠徐四方活動收拾時局，復任他為國務卿，徐也很自負。無奈和議許久不成，即勸袁規復內閣制，想藉此挽回民意。可是叛國罪魁，愛國志士絕不縱容，繼續反對。當此之時，袁伏天誅，臨終深悔當時不聽徐的規勸，致招了身敗名裂，懊悔莫及。即以家事託徐，徐為袁處理後事完畢，即息影河南輝縣的水竹村別業，名為歸田，實則等候時機，再握政權。

後來政治迭次波動，徐略有活動，均沒有公然參加。民六，張勳、康有為們挾擁溥儀復辟，徐被任弼德院長。徐留天津，表面毫無表示，清室又降諭授他為太傅大學士，他也不入京。等到段祺瑞馬廠起兵，復辟怪劇，曇花一現，徐便函電紛馳的替清室斡旋。段祺瑞入京後，對清室方面，沒有什麼的究問，優待條件，沒有變更，徐的不忘卻溥儀退位的時候，與世續同受隆裕后特授太保的命令關係，有以造成。然而據洞悉復辟內幕實情的人說，徐實參加復辟運動。林庚白的《孑樓隨筆》：「復辟之變，世昌陰實主謀。迨見段祺瑞既發難，則又首鼠兩端，勳頗不齒之」。錢基博在《現代中國文學史》談及康有為也說到復辟的一幕：「……我則問諸徐菊人，徐菊人既聞有為之言，而協贊焉」。復辟瓦解，康有為楚歌四面，備受國人唾罵，憤憤不平，致書徐世昌，洋洋五千多字，揭布復辟內幕經過，力指段祺瑞、瑪國璋、徐世昌們是與同謀，即所謂〈與徐太傅書〉在《不忍雜誌》第九第十合冊發表的。那麼，徐的沉著陰鷙，善於看風勢的老官僚，真是無役不與的了。

談到徐與復辟之役有關，又聯想到當張勳失敗時，徐寫信交吳笈孫面致張勳，函云：

少軒仁弟閣下：事已至此，兄所以為執事計者，蒸電已詳言之，望弟有以善自計也。弟既效忠清室，萬不應使有震驚宮廷糜爛市廛之舉動。大丈夫做事，委曲求全，所保者大，此心亦為照千古矣。望弟屈從。弟之室家，兄必竭力保護。言盡於斯，擲筆悲感。特囑世湘回京面陳一切。惟希台察，不具。兄昌頓首。

那時張被包圍，本想作最後的犧牲，頑抗到底，及事敗，逃入荷蘭使館。後來張於民十二秋間病死天津，徐輓聯云：「秋入風雲氣蕭索，影搖星斗淚闌干」。不著邊際的空洞話，是徐老奸巨猾的一貫的作風。

民國七年秋間，總統馮國璋與國務總理段祺瑞因政見不同，權位傾軋，府院間暗鬥時起。馮本代理性質，時期已滿，段派勢力日增，多方設法不使馮聯任。段因資望關係，又恐激動其他變故，不敢取而代之。因此在直隸系資望較深素弄權術的徐世昌，靠著段派的擁戴，用高徐濟順兩路的借款收買議員，由安福系的國會照著形式手續選舉，議員到的四百三十六人，投票結果，徐以四百廿五票當選為大總統。徐就職後，標榜文治，因而有「文治總統」之稱。那時革命黨人在廣州樹立護法政府，聯合南方各省，討賊戡亂。徐先後派遣朱啟鈐、王揖唐，以總代表名義與南方舉行和平會議於上海。雖然沒有結果，但在民廿八年，徐氏逝世，國民政府褒揚令所云：「秉政之日，對內以和平息爭為念」。就是指那時的南北議和而說。徐雖然表面上竭力鋪揚文治，偃武修文來粉飾昇平，可是在他的任內直皖戰爭，直奉戰爭兩役，都是他的暗中指使，期望打倒別系來鞏固自己。說到外交，歐洲和會，國際聯盟，華盛頓會議，吾國均有參加，很博得好評。五四運動，他非常鎮定，京師不致發生惡化，可以見到他養到功深躁矜平之概，這又反映他的為政全用黃老之術，是他一生經國處事的特點。

徐雖工於心計，但權術只可掩飾一時，不能保持長久，等到圖窮匕見，也要嘗到失敗的苦杯。園田一龜的《新中國人物志》批評徐的失勢內幕，有云：

徐世昌於十一年六月二日發退位之通電，總計在位約三年有半，平時愛以中國之第一憂國者自命，然彼之所行，不過操縱軍閥保全己位而已，不然，徐氏自係安徽派之勢力所擁立，乃暗嗾直隸派於民九之夏，行直皖戰爭。及安徽派傾覆前後，處於直隸奉天兩派之間，巧行操縱，遂至成奉直戰之陰謀者，其陰險狡猾之手段，為有識者所唾棄，頓至失卻海內之民望。

民廿八年六月六日，徐病死天津，第二天，《大公報》香港版社評〈徐世昌死矣〉，中有論到徐的心術和政治手腕，摘錄於左：

北洋派又承淮軍驕惰之餘，雖有一二傑出之才，如袁、徐、段王一流人物，平心論之，此輩何嘗不愛國，惜乎，國家民族在世界之位置如何，國民對國家民族之關係如何，大都未能徹底明瞭。以是雖有愛國憂民之心，終不如其愛己憂民之切。當天人交戰之際，輒不免於先私而後公，捨人而從我。根本一錯，全盤皆非。而且功名之士，恆好講黃老之術，彼既缺乏殺身成仁之勇氣與美德，動輒講求明哲保身，藏身隱暗之中，以乘他人之交敝，而後起而攫取其利。徐氏終生，殆犯此病，彼隱居幕後，恆獲有功，一日登台，輒召失敗，是固其用心擇術使然，無足深責。

這真是一針見血的批評。現在再談談徐的瑣事。《近代名人軼聞》云：「徐世昌未遇時，偶讌集朋儕各言所志。徐謂『苟捷春官，當以知事指汴，若除杞縣太康，必以俸錢多致賓客。』其志如此。顯達時篤於故舊，好用私人，用公帑則奢，用己財則儉」。與沃丘仲子的〈徐世昌〉所言：「壬午中式順天鄉使歸，朋從讌於相國寺。酒酣，各言志。至氏，擎杯笑曰：『他日或大挑，或議敘，或幸成進士為即用令，若分省得河南，除杞縣太康，必師孟嘗君廣納食客。』……」兩段合看，則知徐在微時志在溫飽，做縣官招呼朋友飲食，還談不到什麼偉大的事業。《古今名人家庭小史》有云：「徐世昌，少年時極貧苦，三十歲以前，以傭書為活，奔走燕豫之間，備受勞苦艱難。其為人圓滑深沉，官僚派中最為逢時之利器。顧無聲色之好，四十無子，始納妾」。徐雖天津籍，而因祖父在河南做官，故生長河南，口音也操豫省方言。四十以後，先後納兩妾，無子，只一女，以胞弟世光之子緒直為嗣。（至曾任交通次長之徐世章，是他的堂弟，而非胞弟。）

徐好文事，任總統時，籌印《四庫全書》，柯紹忞《新元史》，明令定為正史，又於總統府內附設晚清簃社，那時點綴文治，法國巴黎大學贈他文學博士，是因他著有《歐戰後之中國》（一說此書為黃郛代筆），並有若干詩文字畫寄法，取故得博士學位。徐任總統時，正值新文化運動最蓬勃期間，一般守舊頑固之徒，群向北大攻擊，但徐從不過問。徐著述頗豐富，《晚晴簃清詩滙》數十大冊，雖不盡出於己手，而假助僚友門客，如柯紹忞、孫雄們就是他的編輯人才。徐也好吟詠，汪國垣《光宣詩壇點將錄》曾用「地理星、九尾龜陶宗旺」來比擬他，並附一詩：「田間釋耒東海徐，寄情水竹恣娛嬉，揚榷風雅願在茲，詩成早築晚晴簃」。他寫字繪畫，好署款「水竹邨人」或「弢齊」。水竹邨是他在河南輝縣的別業，從他所作的〈水竹村寫景〉七律一首，詩情畫意，活躍字裡行間，詩云：「紅壓牆頭放石榴，綠蒲溝滿接桑疇。雞孵塒底方槐夏，蠶老筐中正蓼秋。半水半山花外落，宜晴宜雨竹間樓，卜鄰數里梅溪近，從古名賢此釣遊」。末兩句，表見他的寄託，結束得很好。他的作畫，也好題詩，我藏有他墨筆山水畫幅，題有詩云：「長夏躭幽興不孤，浪傳文字滿江湖。遙山近水無人寫，收入詩囊笑老夫」。下題「戊辰五月水竹邨人」。他本人繪有〈河西春眺圖〉、〈北江舊廬圖〉、〈江湖垂釣〉冊子等，題詠的人很多。

徐入民國做官，頑固的遺老們站在滿清遺臣的立場，對他多有譏刺，如陳夔龍辛酉（即民十一）十二月下旬的詩有「龍頭休浪執，腹尾會平分」。附註云：「同年生有會廁清班，膺膴仕，迄今仍靦踞高位者，余與堯衢（編案：指長沙余肇康）則當日之兩曹郎也」。這是用華歆與邴原管寧之典，以示異趣來刺徐的。孫良至的〈書秦幼衡先生軼事〉有云：「東海徐氏初當國，徧觴都中名下士，先生與焉。徐致謙詞，求督教所不及，皆逡巡。先生獨曰：『此時尚可有言乎？』曰『幸甚。』應聲曰：『公不作總統亦佳。』一座皆驚。徐更以詩稿就正。曰：『公無能，毋語此。』徐笑曰：『他非所知，惟官未敢讓公。』先生出語人曰：『東海徒以官傲我耳。』……」按幼衡為固始秦樹聲字，工書法，為人梗直，看他語語逼人，使徐難堪。秦是徐的丙戌同年，故說話可以肆無忌憚，但是不滿意於徐的出處，也是事實。

民國三年，徐六十生日，王闓運的《湘綺樓日記》甲寅九月初十日所記云：「送徐相國壽聯云：『多士師為百僚長，廿年相及杖朝時。』不可移一字，奇作也，但不對耳。徐乃概不受，或畏有諷刺者乎？余非瞎巴結也」。那時徐是任袁世凱的國務卿，故王的首聯說他為「百僚長」。又徐有送袁的壽聯云：「華髮共匡時，四十年金石論交，布衣昆季期偕隱。丹心同愛國，億兆人鈞衡繫望，帶礪河山視大年」。袁想和徐偕隱，事實上不可能，未幾，袁叛國稱帝，愛國也不能同了。

徐世昌在北京任大總統時，一般人說他是非法總統，那時南方護法政府，卻被岑春煊們把持，即軍政府總裁時期。好事者曾有「北有東海，南有西林，試問這兩個東西，如何調和南北」。做上聯徵對。徐世昌世稱徐東海，岑春煊原籍廣西的西林，此聯包含東西南北四方向之字，而「東西」又屬抽象名詞，分開又代表徐、岑兩人的地名，聞久無適當下聯。王闓運曾寫「清風徐來」四字來譏諷他，徐聞著啼笑皆非，因為這個字，徐是「肚裡有數」，謔而又虐的惡評。民國八年，廣州各界公祭黃花崗七十二烈士之日，有人送祭聯云：「問秉國鈞是何人？太子太傅，太子太保；項弔先烈在今日，愁煞春雨，愁煞春風」。又有一聯：「君等先覺兼先烈；人皆總統又總裁」。這些都是對徐世昌、岑春煊與陸榮廷等的譏評。

徐服官民國，而效忠清室，這是公開的祕密。民國十一年十二月，溥儀結婚（那時徐已被直系吳佩孚逼退下野），徐送禮國幣二萬圓，算是遺老們送獻婚禮最多的一個了。據說有人向溥儀提請，晉授徐的太師頭銜，表示好感，獎勵忠悃。溥儀卻說：「他已做了民國的大總統，位尊爵榮，怎能再用太師來屈他。」因此作罷。

「九一八」後，日閥挾溥儀到長春，組織偽國，當時盛傳他出關輔政。過了些時，也有傳日閥想利用他在北方做傀儡。但他屹然不動，絕不發表一句話，保全晚節，貞忠愛國。所以他死後，國府褒揚令有「用示國家眷念舊，激勵忠貞之至意」的話。

苦學成名馬君武

馬君武

廣西大學校長，參政員桂林馬君武，因為胃病復發，兼著心臟衰弱，於廿八年八月一日在桂林逝世，這是我國學術界的一個大損失。

馬氏的生平履歷，園田一龜的《新中國人物志》把他和張其鍠二人說是「廣西政界之逸材」。因為二十年前廣西人在北京政府內閣任總長的只有馬氏一人。並說「廣西原為邊隅荒徼之地，所產之人物，僅與廣西之局部，或兩廣之政局有關。其關係於中原之政局者，僅被二人（案：即指馬、張二人）而已。於此可知廣西人可稱為帶異色者也」。這是二十多年前的話，我們知道後來廣西人才迭出，這些話已失了時間性了，但是當時他並有關於馬氏的述評如下：

馬君武係出廣西之豪族，本名和，一般皆以君武呼之。夙留學日本，為京都帝國大學出身之工學士。其後留德國五年，受工學博士學位。辛亥革命時，為廣西代表，赴南京，盡瘁於臨時政府之組識。南北統一後，當選參議院議員，為國民黨之重鎮。民國二年春，隨孫文訪問日本，當時曾主張中日產業同盟，二次革命勃發，歸廣西謀再舉不成，乃亡命日本，繼赴德國，留居三年。五年春渡美，與黃興共經日本歸國。袁世凱死後，再出席國會，極力反對對德宣戰。國會解散後，任廣東兵廠總技師。九年十一月，於孫文之下，就任廣東軍政府祕書長。十年十月陳炯明攻略廣西後，被任為省長，支配廣西省政，及廣西組織軍務處，又兼攝軍務，掌握廣西之全權。十一年五月，陳炯明在廣東失足後，其在廣西之軍隊亦同時退出，馬君武遂不能保其地位，乃解職而去廣東，以後久居閒地。十四年冬，許世英組織內閣，突然代表國民黨，而任司法總長，此為廣西人最初入閣之內閣總長，十五年三月，於賈德耀內閣任教育總長，四月，內閣瓦解，遂同下野。

這一段話，有些是錯漏的，如辛亥年，他在武漢，曾和雷奮、王正廷等共同起草《臨時政府組織大綱》。南京政府成立，任實業部次長等都沒有寫入。南北統一後，初時是任臨時參議院議員，後才被舉為第一屆參議院議員。民五，遊歷丹、美、日本等國，六年歸國後，出席廣州的非常國會會議。他在國會議員時期，始終站在民黨方面，屬於幹部的人物。共和復活時期，卻屬民黨小組的「丙辰俱樂部系」。護法時期，「丙辰俱樂部」與「韜園系」合組「民友社」，他是中堅份子，即當時一般人叫他們做「大孫派」。他做廣西省長時，是開中國政治界的新紀元。因為從前那些省長或巡按使、民政長等，多數是官僚出身，甚至投降的盜魁。但是由大學畢業又得了博士學位而做省長的，馬氏算是破天荒的第一人，第二人才是伍廷芳了。後來民十六年，他任廣西大學校長，民二十以後，任上海的中國、大夏和廣西大學等校長，因時代關係，都沒有提及了。

馬氏一生的成就，是從苦學用功中得來。他九歲便丁父憂，賴著慈母的教養，親友的扶助，才能繼續讀書。十二歲，便好讀歷史和各家文集，這是他嗜愛文學的開始。十五歲時，龍伯純告訴他康有為的讀書方法，那時他恰是寄居在外祖陳允庵的家，陳家藏書很多，他就埋頭的讀了兩年，古文學才大進步。到了十七歲，考放入體用學堂，轉受新教育，學習算術。十九歲，庚子拳匪擾亂，他就出國到南洋去跑一次，回國時，順便遊歷上海、廣州，眼光為之一新。二十歲的冬天，他就到日本去留學了。讀書的時候，是靠賣文來供給費用。梁啟超在日本辦《新民叢報》，他與梁本屬康門同學，他對《新民叢報》寫稿最多。梁啟超因為去澳洲，他代梁編輯職務。他離開故鄉的時候，身邊只帶著毫洋三十角，他的窮困可以推想，所以他在日留學時期，多是倚賴寫作和朋友的資助。過了一年，轉入西京大學習工藝化學。丙午（一九〇六）的夏天，西京大學畢業，返到上海，在中國公學教書，同時宣傳革命。原來同盟會在東京成立時，馬氏是第一次加盟的，他回國後也努力革命活動。詎料給清吏兩江總督端方知著，就被緝捕。得了高鳳岐、岑春煊等的幫助，即到德國的柏林大學攻習冶金。辛亥返國，從事政治工作。二次革命失敗後，得康有為等的贊助，赴德再求深造，民四，得柏林大學工科博士學位，是中國人在德國留學得工學博士的第一人。

他平生譯著最富，精通中、英、德、法、日數國文字。在革命運動初期，譯著有：〈女權篇〉、〈物競篇〉、〈天擇篇〉合刻，《自由原理》，《社會學原理》。後來譯著有：《一元哲學》，《物理原始》，《人類原始》，和其他政治、經濟、動植、理化、文學等書。他譯書極快，隨看隨譯，從不起稿。記得有一次，他住在上海惠民路〈倍開爾路〉時，我到他的家談天。他因為趕著完成一段稿子，左手拿著一支香菸，眼呢看看原文，右手執筆跟著就寫，同時悠閒地和我談天。真有「手揮五指，目送飛鴻」神態。譯述的嫻熟，也可知了。從開始寫作，多數是文言文，晚年才兼寫些語體文。

他的舊體詩，做得很好，譯詩是歡喜意譯，而且把它譯成律詩或絕詩，這是更難得的。最膾炙人口的是他所譯〈囂俄重展舊時戀書而作〉的詩了，詩云：

此是青年有德書，而今重展淚盈裾。
斜風細雨人增老，黃卷青山總是虛。

百字題碑記恩愛，十年去國共艱虞。
茫茫天國知何處？人世倉皇一夢如！

又〈思慈母弟妹〉一首，充分地表露他的身世之感，詩云：

旅館夜夢醒，心寒呼慈母。
萬里別家愁，念年育兒苦。
荒村隱茅屋，雪深今幾許？
家貧耽游遠，兒罪不可數！
他鄉知交稀，乞米恐無處。
含淚別母去，出門何茫茫。
國仇未能報，母恩未敢忘！

九歲阿爺死，教養賴阿娘。
同胞凡五人，追憶惻肝腸：
三弟命最短，七日葬北邙；
次妹頗敏慧，得病亦尋常。
家貧無醫藥，坐視為鬼殤。
長妹有暗疾，其命遂不長。
次弟生九歲，讚書盈半床；
夜深不肯睡，一燈聲琅琅。
一夕得喉疾，哀哉醫不良。
倏忽為異物，早慧竟不祥。
弟死後五年，阿兄適四方。
弟墓無碑碣，踐踏恐牛羊！

他的少年家庭骨肉間的不幸遭遇，赤裸裸宣讀了，真使人有點悽然。然而他有許多詩是含著時代性的，如〈伊豆雜感〉六首之一云：

朝讀布家人傑傳，夕繙達氏種源書；
男兒年少早投筆，莫向書櫥作蠹魚！

〈蒲蘆塞逢中山先生，先生以翌日適倫敦〉云：

黍離懷故國，烽火老先生。
天意殊無定，人權久不平。
葡萄一杯酒，玫瑰十年兵。
又是他鄉別，英倫重此行。

民十一，廣西政變，他和姬人彭女士倉皇間乘船東下，駛至中途，突遭亂兵射擊，彭氏給槍傷要害，玉殞香銷。馬氏僥倖脫險，倉促間草草把彭女士營葬。馬氏在吳淞楊行鄉住時，書檯旁掛著彭女士的遺照，像的四邊題了許多感悼文字，可見得他倆的情深了。

「九一八」日閥侵佔瀋陽，他有〈哀瀋陽〉兩首，描寫深刻，傳誦一時的作品，詩云：

趙四風流朱五狂，翩翩胡蝶最當行；
溫柔鄉是英雄塚，那管東師入瀋陽！

告急軍書夜半來，開場弦管又相催。
瀋陽已陷休回顧，更抱佳人舞幾回。

這是當時北平某一個角落的寫實。還有他到杭州〈展謁岳武穆王之墓〉，詩云：「西湖衰柳映朝霞，自結花圈謁岳爺。國會寃刑蘇拉地，敵軍威懾漢尼巴。君臣昏瞶河山恥，父老遮留將士譁。正氣銷沉養君莫問，黃龍今日屬誰家？」用中外的典入詩，這是有創作性的吟詠。

他的一生無論讀書做事，都是刻苦耐勞的實幹。他的生活，衣食住行都非常樸儉。本來他有一塊地皮在上海閘北，後來變賣了幾千元，在吳淞楊行鎮買了一百多畝地，實行耕種。他任大夏大學校長時，每週到上海兩三次，坐三等的火車與電車，戴著破舊呢帽，身上穿了舊黃斜布學生裝，或者是藍布長衫，不識他的決不會知道他是曾經做過省長、總長的特任官與得了博士學位的留學生。晚間有時不回楊行去，就借宿住在旅館的友人房間的沙發床上。吃兩角一盌蛋炒飯，便算一頓。這種儉樸，是非常難得。

他不好飲酒。公餘，好約二三知友，打小麻將來消遣，高興時，夜以繼日的都沒一些倦容。好吸香菸。「八一三」前一兩年，他寄居在上海，生活有點變動，就是有時也好到舞場去玩玩，還是一樣的土布大褂，冬天帶了一頂家人用絨線織的禦風帽，外表十足一個鄉下人，別有一種神態。

馬氏事母很孝順，有一年，他在廣州恰值母親生日，他想著弄幾味菜來給母親吃，表示一點孝意。可是囊空如洗，又不想和朋友們借錢。於是拿了一部《明儒學案》向人抵押一塊錢。當時葉玉甫（恭綽）聞著，就送他一塊錢，而把書送還他，這是十多年前他們兩人認識的起點。馬氏在四十年前提倡女學，也很熱心曾誠懇地勸他的母親放腳和入學堂讀書，當時就給朋友間傳做一種笑話。馬氏與浙江馬一浮、四川謝无量等，都是研究學問的知友。民國前十一年，他們在上海結交，合辦《繙譯世界》。抗戰初期，有人傳說謝无量在香港逝世，馬氏在桂林聞著，非常悲痛，並寫哀悼詩文。後來馬氏去世，我寫信告訴謝无量，无量在成都寄了三首詩給我轉寄桂林，第一首便說：「未死潘安叨致誄，平生劉治忽先亡；萬里悲風桂林路，絲竹絃歌俱斷腸」。第三首末二句：

「如君少可偏相與，頭白浮沉兩少年」。浮，指馬一浮，沉，是无量說自己，因為當年合辦刊物的寫作，无量用沉字做筆名的。

附錄　張學良未曾與胡蝶共舞

蔡登山

一九三一年九一八事變，日軍很輕易地佔領了東北。當時張學良執行南京政府的不抵抗政策，事變之時，張學良在北平養病，日本新聞通訊社就利用這個機會，製造「九一八之夜，張學良正在北京飯店和影星胡蝶跳舞」的新聞。於是有不少報紙就根據這新聞繪聲繪影地大加渲染，其中最為傳頌一時的是馬君武於十一月二十日在上海《時事新報》上發表的感時之作〈哀瀋陽〉二首，詩云：

其一

趙四風流朱五狂，翩翩蝴蝶正當行。
溫柔鄉是英雄塚，那管東師入瀋陽。

其二

告急軍書夜半來，開場弦管又相催。
瀋陽已陷休回顧，更抱佳人舞幾回。

馬君武對此詩甚為得意，時人則認為足以和吳梅村痛譴吳三桂的〈圓圓曲〉相媲美。詩誠然是好詩，但所言卻非事實。馬君武顯係根據報紙所載，摭拾浮言，輕率譏評人物。

根據高伯雨說：「九一八事變後第三年我移居北平，從許多政界朋友口中，知道九一八事變的時候，張學良還在協和醫院養病，他的體力還不能夠支持他『舞幾回』。」又說，該年五月十八日張學良在北平病倒了，病勢來得很兇猛，經診治認為是嚴重的傷寒症，立即移住協和醫院。這一病、就病了差不多三個月才脫離險境，到九月初旬，他已經可以出來略事應酬了，但還要住在醫院休養。九一八那一晚，張學良在他的私邸設宴款待宋哲元等人，據說這個宴會頗重要，故張不能不親自出席。罷宴後，張學良偕夫人于鳳至及趙四小姐，又請一班客人在前門外中和戲院觀看梅蘭芳的《宇宙鋒》。這事後來也得梅大師的證實。不過，張只坐了一會，就先離席而退，回協和醫院休息了。大約是久病之後，體力未充足，不能久事應酬之故。張學良睡去很久之後，瀋陽方面有電話向他報告日軍進攻北大營的消息。這大概是馬君武詩中「告急軍書夜半來」的由來。張學良接通東北邊防軍司令長官公署參謀長榮臻電話，瞭解詳情；著左右終宵與南京當局電話聯繫，請示如何應變；迅即召來顧問端納，讓他通知歐美各國駐北平新聞記者，夤夜通報日寇攻佔瀋陽的消息……「是夜，張學良庶幾沒有休息。待記者招待會畢，他才回到病房稍睡些許時間。」（湯紀濤〈張學良二三事〉）

而據一九三〇年任張學良幕僚，後轉調「北平行營」任上尉連長的何世禮說：「九一八」事變之夜，張學良正與其父親何東爵士夫婦及英國駐華大使夫婦在北京的開明戲院看戲，該戲的演出是為籌募遼北水災基金，當時他亦在場，因為其父諳英文而不懂國語，由他臨時傳譯。至於何東遠道從香港到北京，則是應張學良所邀「洽商東北邊業銀行改組事宜」。「當演戲至精彩段時，忽見張副總司令隨員趨向張副總司令報告，謂瀋陽有長途電話，請其親往接聽，張先生尚輕鬆地囑該員代為接聽，詎不旋踵該員迅速返報，謂瀋陽出事，務請張副總司令親自接聽，張先生始行離席，此後即未見張先生再行返座。」

又據《盛成回憶錄》記載：「九一八」這天，他去華樂戲院看褚民誼唱戲，褚民誼唱的是《空城計》，張學良也去了戲院，包廂就在我們旁邊。正看戲時，東北來了急電。因為張學良下令任何人不准進他包廂，結果送電報的人找到了我們這兒。張繼（盛成時任張繼的秘書）讓我問一問情形，來人告訴我是東北來的緊急電報。我慢慢敲了敲張的門，門沒有開。戲散後，我對張學良說：「漢卿，有一個緊急電報給你。」張一看很著急，拿著電報就走了。

儘管上述三位的回憶多少有些出入，但對於張學良「九一八」當晚到底在哪裡，徵諸高伯雨、何世禮與盛成的回憶，基本可以確定張學良當晚是在看戲，而非擁著胡蝶跳舞。

而胡蝶在她的回憶錄中說：「世間荒唐的事情還真不少，瀋陽事件發生的時候，我那時還跟明星公司攝影隊一起逗留在天津，沒有踏入北平一步……後來為拍《自由之花》到北平時，已是『九一八』事變約一周，未料此行會引起一段莫須有公案。」，「我和張學良不僅那時素未謀面，以後也從未見過面，真可謂素昧平生。」而據王益知晚年在《亦報》所寫的《張學良外紀》書中說：「至於胡蝶來京攝《啼笑因緣》（案：

《自由之花》、《落霞孤鶩》和《啼笑因緣》三部戲同時開拍）外景，是在『九一八』後幾天，胡住在香廠東方飯店，是三層樓的建築，樓下只有兩個大房間，裝有浴池，設備簡單，並無舞廳，更不是適當的交際場所。」

明星公司的劇組在北平忙碌了一個多月。在離京前，梅蘭芳在家中宴請了洪深、張石川、胡蝶等二十餘位攝製人員，對於外界的傳言，席間，梅大師曾言：「九一八」那天晚上，張學良在戲院看我的演出。而胡蝶他們對此言並未在意，可能是忙昏了頭，對外界的事竟一無所知。十一月下旬他們回到上海，胡蝶到家時頓時發現氣氛不對，父親把一摞報紙摔過來：「你在北平幹什麼事我們不知道呀，你自己看看吧！」胡蝶看到那些報紙上的大字標題是：〈紅顏禍國〉、〈不愛江山愛美人〉、〈東三省就是這樣丟掉的〉，再看內容，不由大呼：「這根本不是事實，全是造謠！」明星影片公司為此於一九三一年十一月二十一日在上海《申報》以胡蝶的名義刊登闢謠啟事：「蝶亦國民一分子也，雖尚未能以頸血濺仇人，豈能於國難當前之時，與負守土之責者相與跳舞耶？

『商女不知亡國恨』，真是狗彘不如者矣。」導演張石川及演職員洪深、鄭小秋、夏佩玲、龔稼農等，也登啟事並刊報端，為其作證。

馬君武的詩雖傳頌一時，但所述除「趙四風流」，四字正確外，其餘均非事實，作為「詠史」詩觀之，是不能不明辨的。抗戰期間，張學良曾和戴笠談及這件事，張說：「雨農！胡蝶究竟是個什麼樣兒？我雖在畫報上見過，可是從沒有看到她本人的真面目，馬君武把我和她連在一起，實在是活天冤枉！」而據鍾堯鋒一九五二年在香港訪問胡蝶，說胡蝶堅定而微哂的神情，笑得比較大聲說：「中國人有句俗話：『譽之所至，謗亦隨之』，張少帥是高亦矮？是胖抑瘦？至今沒有見過。」

而據香港邵氏影片公司台灣分公司經理馬芳踪說：「胡蝶在台灣定居期間，旅日華僑朱芳坤亦在台北，二人常相偕至西門町『春風得意樓』飲茶，斯時『少帥』張學良因愛吃碎牛肉皮蛋粥，亦偶由副官伴同在『春風得意樓』吃粥，但二人從未相遇。筆者頗有意製造一機會，讓馬君武筆下『瀋陽已陷休回顧，更抱佳人舞幾回。』而實則兩個當事人從未謀面的男女主角作一次『喜相逢』。經向立法委員王新衡談及，為王新公所勸阻，說免引起節外生枝，飛短流長而未成事實。」由此可知張學良與胡蝶終其一生並未見過面。

附錄　馬君武風流韻事多

蔡登山

馬君武是中國近代學者、教育家和政治活動家。當年中國學術界有「三馬」，即指馬敘倫、馬浮、馬君武是也。其中馬敘倫、馬君武皆在政治舞台上擔任過重要職務，馬浮則為單純的學者。

馬君武是中國留德學生第一個取得科學博士學位者。這位留德工學博士，精通英、日、德、法等數國文字，又寫得一手好詩。曾用舊詩格律譯拜倫、歌德、席勒等人的詩篇；編譯了《德華字典》等書，他還是第一個翻譯並出版達爾文《物種起源》的中國人。其時，有人開玩笑說，「馬君武」對上「達爾文」，真是一副「絕世好聯」。老實說，馬君武在政治上是沒有多大成就的，他的成就在文學與教育上。他後半生致力於科學教育事業，先後任上海大夏大學、北京工業大學、上海中國公學校長。一九二七年，應廣西省政府之邀在梧州創辦廣西大學，任校長。在任期間，辛勤規劃操持，聘請有才識之士和進步學者任教，提倡科學研究，作出了一定貢獻。

馬君武的舊體詩寫得極好，但他卻不是詩人，是則為他的政治、論學之名所掩，詩名反而不彰也。「九一八」事變發生後他堅主抗日，激於愛國義憤，寫了〈哀瀋陽〉詩兩首，傳頌一時。「趙四風流朱五狂，翩翩胡蝶正當行。」詩描寫得雖然很深刻，但所言均非史實，曾使張學良、胡蝶、朱五（朱湄筠）蒙受不白之冤。據一九五二年鍾堯鋒在香港訪問胡蝶時說：「我當然不會錯過她與張少帥的那一段『莫須有』的傳聞，她笑得比較大聲說：中國人有句俗話：『譽之所至，謗亦隨之』，張少帥是高亦矮？是胖抑瘦？至今沒有見過。……至今我還清楚地記得她談這件事堅定而微哂的神情，後來她還說：『清者自清，濁者自濁。』現在執筆時餘音仍縈繞耳際。」

而據香港邵氏影片公司台灣分公司經理馬芳踪在〈飛言絮語談胡蝶〉一文說：「胡蝶在台灣定居期間，旅日華僑朱芳坤亦在台北，二人常相偕至西門町『春風得意樓』飲茶，斯時『少帥』張學良因愛吃碎牛肉皮蛋粥，亦偶由副官伴同在『春風得意樓』吃粥，但二人從未相遇。筆者頗有意製造一機會，讓馬君武筆下『瀋陽已陷休回顧，更抱佳人舞幾回。』而實則兩個當事人從未謀面的男女主角作一次『喜相逢』。經向立法委員王新衡談及，為王新公所勸阻，說免引起節外生枝，飛短流長而未成事實。」

倒是馬君武晚年有一段風流韻事，較張少帥與胡蝶間莫須有之事，更為轟動。只是當時時值抗戰艱苦之期，前方戰報較之後方的名士風流，更為重要得多，因此廣西文人嘲諷馬君武的詩，就遠不如馬君武嘲諷張少帥的〈哀瀋陽〉詩流傳得廣了。鍾堯鋒說他當年役桂林軍次，親歷其境，因此順便告訴一代影后。而胡蝶對他這段描述，一直凝神諦聽，講完後她特別站起來緊握鍾堯鋒的手，感謝這得來不易的雪泥鴻爪，而且用筆記下那首詩，過幾天她還親筆寫信向他致謝並附一張全家福照片。

鍾堯鋒對胡蝶所說的事，是馬君武與小金鳳的一段往事。據筆者查考確是真有其事，連香港武俠名家梁羽生都寫過方塊雜文。根據關國煊的資料說，小金鳳原名尹素貞，後改名為尹義。祖籍廣西桂林。生於一九二〇年，自幼家貧，父親任職酒家，酒家附設戲班，尹義每日看戲，漸漸對桂劇發生興趣。十歲入「小金科班」拜老藝人袁潤榮為師，始學小生，兩年後改學青衣、花旦，十一歲即登臺獻藝，在桂林火神廟演出《雙陽追夫》（又名《狄青趕夫》），初露頭角，其後隨「小金科班」演出於桂、湘交界的平樂、八步等地，攀山越嶺，作流動演出，被稱為穿山班。一九三六年，年十七，在桂林南華戲院於《虹霓關》中客串飾演東方氏一角，引起轟動，跟著又客串演出《張繡殺嬸》，更為轟動，戲院老闆鑽天王邀小金鳳搭班，從此聲名大噪，與如意珠（謝玉君）、金小梅、小飛燕齊名，被譽為「桂劇四大名旦」。桂系將領白崇禧的兒子、名作家白先勇在他的小說〈花橋榮記〉中就這麼寫道：「以前在桂林，我是個大戲迷，小金鳳、七歲紅他們唱戲，我天天都去看的。」又說小金鳳「那齣《回窯》把人的心都給唱了出來」。白先勇還感嘆道：「幾時再能聽小金鳳唱齣戲就好了」。

而對於白崇禧、歐陽予倩，小金鳳晚年有文章說，一九三七年八月四日白崇禧從桂林飛往南京，著名戲劇家洪深帶著李濟深和馮玉祥兩位將軍的親筆信求見。信的內容是推薦歐陽予倩和上海救亡演劇二隊到桂林和廣西的部隊從事戲劇宣傳工作。白崇禧看信後大喜，叫他的機要秘書謝作為打長途電話告訴正在桂林的李宗仁，徵得李宗仁的同意，演劇二隊到李宗仁指揮的第五戰區工作，謝作為又代表白崇禧致電廣西省主席黃旭初，以廣西省政府顧問馬君武的名義出面，邀請歐陽予倩從上海來桂林幫助改革桂劇。歐陽予倩接到馬君武的電請後，於一九三八年四月十二日離開上海，乘船轉道香港經梧州、柳州到桂林，從事桂劇改革達七年之久。小金鳳特別強調說，如果沒有白崇禧的支持和幫助，抗戰時期的桂劇改革是很難想像的。

小金鳳說：「以改革桂劇為宗旨的廣西戲劇改進會（又稱桂劇改進會），由名人組成股東，白夫人（案：白崇禧夫人——馬佩璋）也是股東之一。」另外一位股東是馬君武。小金鳳聲、色、藝俱佳，馬君武最為欣賞，捧之不遺餘力，以廣西大學校長之尊收為乾女兒，每日形影不離，甚至坐車出遊，也是「有女同車」，並發動桂林各大眾傳播媒體大事宣傳，還舉行什麼票選「藝壇狀元」。以馬君武在當地的名望和影響力，當然是「小金鳳」獨占鰲頭，於是而紅透南中國半邊天。每夜馬君武必至戲院，還邀一些名流同好，坐於台前第一排，大力捧場，小金鳳對這位「乾爹」感恩圖報，在台上演出時的眼神，率多描掃她的「乾爹」，於是也有騷人墨客以「其人之道還治其人之身」，仿效他當年嘲諷張學良一樣，寫了詩來諷諭他，詩云：

詞賦功名恨影過，英雄垂暮意如何？
風流契女多情甚，頻向廂房送眼波。

馬君武聞之，一笑置之，不以為忤。

又馬君武出任廣西省長時，廣西省當局在桂林湖濱路建了一幢洋房送給他，黃旭初並在房門額上書有「以彰有德」四個大字。馬君武自己寫了一幅對聯，聯曰：

種樹如培佳子弟，

卜居恰對好湖山。

據說有人影射嘲諷他與義女的關係不尋常，便跟他開個玩笑，把對聯改了。在上下聯各添加四字，變成上聯：春滿梨園，種樹如培佳子弟；下聯：雲生巫峽，卜居恰對好湖山。所謂「春滿梨園」，當指他和小金鳳之事；所謂「雲生巫峽」，則以馬君武的洋房正遙對城外的「特別區」（當年廣西當局所指定之妓館名稱）也。妙的是橫額「以彰有德」的「有」字中間的兩橫被塗去，「有」字變為「冇」字（粵語「沒有」之意）。聽說馬君武見了也為之大笑，連忙教人塗去與改正，但這一韻事已傳遍桂林城了。

一九三八年七月，國民參政會在湖北漢口舉行一屆一次大會，馬君武離桂赴漢出席，深以一日不見義女為苦，在火車上寫七絕一首給小金鳳，詩云：

百看不厭古時裝，剛健婀娜兩擅長；
為使夢魂能見汝，倚車酣睡過衡陽。

情真意切，頗為感人，但他與義女的關係卻也引來了非議。

一九四〇年，馬君武因胃病逝世於廣西，義女小金鳳撫棺痛哭，如喪生父，並輓以聯云：

撫我若親生，慈父心腸，大人風度；
現身而說法，桃花舊恨，木蘭新辭。

從此離開舞台生涯，以報知音，不少人為小金鳳的真情感動。小金鳳尹羲後來積極從事桂劇藝術的教育工作，一九七二年轉入廣西藝術學校進行教學，先後兼任校長和名譽校長，培養出大批的桂劇新人。二〇〇四年三月二十五日病逝於廣西南寧，享年八十四歲。

又讀先師劉太希的《無象庵雜記》中有〈馬君武艷事〉一節，提及馬君武當年卸任廣西省長，和他的如夫人坐小船而行，在灘江遇著變兵，兩岸都開槍對著船攻打，船如箭發，雖得逃去，但船身已中彈累累了。可憐他的如夫人，那時怕馬君武受危險，伏在他的身上來保護他，馬君武雖倖免於危，而這位如夫人卻為亂彈所中而亡。因此馬君武異常悲痛，奉其木主永祀之，其記此事有詩云：

驀地槍聲四面來，頓教玉骨委塵埃，
一坏寧瘞彌天恨，萬事無如死別哀。

海若能填惟有淚，人難再得始為佳，
從今收拾閒情賦，且買青山伴汝埋。

後來他看到如夫人的舊信札，又題詩云：

此是當年紅葉書，而今重展淚盈裾，
斜風斜雨人將老，青史青山願終虛。
百字題碑記恩愛，十年去國共艱虞，
茫茫樂土知何在，人世倉皇一夢如。

風流韻事中，卻也真情流露。

其實馬君武在少年時期就留下不少風流韻事。一九〇一年秋，他在廣州英文夜館任教期間，有廣州富家女張竹君，小時候在教會女校讀書，光緒二十五年（一八九九年）畢業於廣州博濟醫院醫科班（中山醫學院前身），在廣州行醫濟世。張竹君是基督徒，又是愛國主義者，常在福音堂講道，更定期舉辦演說會、討論會，傳播新知，闡述時事。當時經常來聚會有胡漢民、馬君武、盧少歧、宋通儒、程子儀、周自齊、王亦鶴、張蒿雲等人。馬君武去福音堂聽道，對張竹君的偉論非常佩服，從此每逢張竹君講道，馬君武必往「捧場」。久之兩人漸熟，馬君武時露愛慕之意；但張竹君早已和東莞富紳盧賓歧的兒子盧少歧過從甚密，雖未論及婚嫁，但盧少歧儼然以戀人待之，今見馬君武有問鼎之意，幾欲揮以老拳。而馬君武在對張竹君百般暗示都得不到明確回答的情況下，便用法文寫了一封求婚信，詞藻典雅，情詞純摯，使張竹君看了感動不已，終於張竹君給馬君武回了一封信，信的大意是：希望馬君武多為國家社會盡些力量，一旦結婚以後，不但為家務所累，也將受兒女牽纏，所以婚姻問題，暫時不要作考慮！馬君武經此打擊，黯然離開廣州而遠走南洋，後來追隨孫中山到了日本，可馬君武總記著張竹君的好處，不能忘情於她，曾以「馬貴公」的筆名在一九〇二年的《新民叢報》上寫了一篇〈女士張竹君傳〉稱她是「中國之女豪傑」，文末附贈竹君詩二首：

其一

淪胥種國悲貞德，破碎山河識令南。
莫怪初逢便傾倒，英雄巾幗古來難！

其二

推闡耶仁療孔疾，娉婷亞魄寄歐魂。
女權波浪兼天湧，獨立神州樹一軍。

張竹君是中國第一位女西醫，她創辦的褆福、南福兩醫院是中國人最早創辦的西醫院；她首開中國婦女登台講演之風，倡立演說會，「指論時事，慷慨國艱」，名噪當時。張竹君一生致力於女權運動，終身未嫁。「一二八」和「八一三」淞滬戰爭中，雖年事已高，但她仍積極參與救傷工作。上海淪陷後，張竹君除任教婦產學校外偶而也為人治病，後息影家園，安度晚年。

而馬君武在日本京都帝國大學留學期間，另有一段被戲弄的「艷事」傳出，當時他是個窮學生，經常要靠賣文貼補生活，因此常為保皇黨所辦的《新民叢報》寫些文章。而這刊物因拖欠稿費，許多作者就不投稿了，以致常鬧稿荒，這使主編梁啟超頭痛不已。梁啟超有個同學叫羅普（孝高），也在《新民叢報》社裡，便向他獻計道：「馬君武近來不常來稿，必是見我們發不出稿費了，待我耍他一下，不怕他不源源投稿。」梁啟超問他計將焉出？他便附在梁啟超耳邊，如此這般，梁啟超拍手稱妙，叫他立即照做。其時馬君武正是二十一、二歲的青年，感情豐富，羅孝高便利用青年人的心理，化名為「羽衣女士」，大寫豔體詩及小說，刊在《新民叢報》，梁啟超又用編者名義，在作品後加上按語：「羽衣女士，為廣東順德人，才貌雙絕，中英文皆有極深造詣，現在香港某女校執教，本報承其惠稿，至為榮幸，經承其垂允為本報特約撰述，今後女士大作，將源源在本報發表。」馬君武讀這羽衣女士的詩，覺得很好，以為是個才女，居然為之傾倒。一天，見著羅孝高，便問：「那個羽衣女士的作品寫得很好，不曉得模樣怎樣？」羅孝高道：「靚得很！難得的才貌雙全。」馬君武不信，「你怎麼知道？難道你見過她不成？」羅孝高哈哈大笑道：「怎麼不知？她就是我的表妹呀！我不知誰知？」邊說邊拿出早已準備好的羽衣女士來函，說：「她呀，不久就要來日本留學了，不信你看！」馬君武看了信，看得暈陶陶的，便說：「她到之後，請你給我介紹，如何？」

羅孝高心裡竊喜，這回你可上鉤了！便道：「她暑假後才能來，算算還有三、四個月呢。她讀過你的文章，歎為天才，曾問起你的身世，如果你願意，我可先介紹你們通信，你可以先贈她幾首詩，登在報上，她一定很高興，從此魚雁常通，先建立了友誼，然後我這紅娘才做得容易呢。」馬君武大喜，立即做詩，加以通信。羽衣女士回信，對馬君武大灌迷魂湯，還再三叮囑他，要時時寫稿登在《新民叢報》上，以便拜讀。馬君武奉命為謹，日夜拼命作詩文，源源送往發表。如是者過了幾個月，《新民叢報》不愁稿荒，而馬君武的腦汁卻荒了，便向羅孝高追問：「你那位令表妹，為何姍姍其來遲呀？」羅孝高沒法，只好騙說：「快了，快了，下月初她就要搭東京丸到橫濱了，到時候我們一起去接船，怎樣？」馬君武信以為真，屆期一打聽，東京丸已定期開抵橫濱，便逼著孝高同往，孝高不得不硬著頭皮同赴橫濱，覷個便，偷乘下一班車溜回東京。馬君武在碼頭上望穿秋水，找羅孝高不到，以為他把表妹接走了；即趕回東京，深夜去敲羅孝高的門，說他把羽衣女士藏起來了，不讓相見。羅孝高再也撒不出謊來，只好默不作聲，一任他發脾氣，馬君武賴著不走，把羅孝高弄得沒法子，只得把實情說出，連連作揖道：「請你原諒，羽衣女士正是不才在下也！」馬君武無端被他哄了幾個月，氣極敗壞地大罵他們混帳王八羔子，拿出口袋裡寫好的歡迎羽衣女士的詩箋，撕了個粉碎，還啐了幾聲，憤然離去。自然，以後《新民叢報》再也看不到馬君武的大作了。不二日，這一段艷事傳遍東京，平江不肖生向愷然嘗摭之入其小說《留東外史》，加油添醋，渲染一番。另劉禺生的《世載堂雜憶》中亦有《馬君武受紿》一節，記載此事。

梁啟超還作詩兩首，對馬君武極盡調謔戲弄。原詩題為〈題東歐女豪傑代羽衣女士〉：

磊磊奇情一萬絲，為誰吞恨到蛾眉？
天心豈厭玄黃血，人事難平黑白棋；
秋老寒雲盤健鶻，春深叢莽殪神螭；
可憐博浪過來客，不到沙丘不自知。

天女天花悟後身，去來說果後談因；
多情錦瑟應憐我，無量金針式度人；
但有馬蹄懲往轍，應無龍血灑前塵；
勞勞歌哭誰能見，空對西風淚滿巾。

看來曾痛斥少帥張學良好色誤國的馬君武，不獨有偶，早年及晚年也曾因風流韻事，屢被他人嘲諷。

敢作敢為徐謙

徐謙

這是民國三十年春間的事。

當著在香港孔教堂舉行追悼徐季龍（謙）之前，追悼會啟事有說：「……耆年碩學，功在黨國，追隨總理，獻身革命，於法制教育，尤多貢獻」。這幾句話，可以概括徐氏一生的行誼。

徐謙，別字季龍，中年後，信奉基督教，聖名佐治，晚年別署黃山樵客。他是安徽歙縣的望族，家學淵源，世代書香。早年喪父，由太夫人的教育，努力學業，和他的哥哥風人（巽）先後舉於鄉。他在光緒二十九年成進士，和譚祖安（延闓）同科，後分派在翰林院仕學館，這是少年和出身科舉的概略。

日人園田一龜的《新中國人物志》說他和柏文蔚「皆以安徽人而為國民黨之名士」，又評他：「本為一種偏狹狷介之學究，以熱心之基督教徒，一變而為左傾之共產黨徒。故從李文忠公以降之所謂安徽派觀之，彼蓋其中之異端者。在以武人官僚為北洋派之中心之安徽人中，固為特種之人物，亦為最有異彩之人物也。彼於西北國民軍國民政府——俄國——赤化之脈絡，有相當之關係，此即彼特有之特色也。」

這些話，不盡不實，似是而非，他不滿意於現實，如好接近青年，思想比較前進，是真的。說他是「共產黨徒」，恐怕是不副事實吧。他的思想奔放，主觀極強，不容易遷就別人。他要做的事，不顧一切，敢作敢為，見到就做，不管別人的贊成或反對。因為這，就有些人們批評他「偏狹狷介」的由來吧。他的行動，從李鴻章以後的安徽派看來，自然是說他是「異端」了。試問一個舊科舉的時代的翰林院中人，且是司法界前輩，投身革命，崇奉基督教，而且組織基督救國會，策動民眾運動，如「八一三」臨時執政府門前的情願，是他所領導，就是一斑。又和不滿現實的青年或軍人、政客等取密切聯繫，別有見解，如參加福建的人民政府之類，自然視「為特種之人物，亦為最有異彩之人物」，也是意中事。

徐氏在政治上的經過，他出了仕學館後，即和許世英同時被派到歐美各國考察司法制度。返國以後，任法律編查會主任，訂立各級審判檢察制度，一切法規章則，都由他手訂。對於舊日司法行政混合制度，完全改革，把各行政機關兼司法的，一概廢止，可以說是中國司法的大革命，也是奠定了司法獨立的基礎。民元，任北京政府的司法次長。民六，軍閥瀆法毀紀，他南下廣州，參加護法，任司法部長，兼代表總理出席總裁政務會議，不久，任軍政府祕書長，大理院長等職。民十三，中國民黨第一次全國代表大會，當選為中央執行委員，兼任北京政治分會主席，北上與馮玉祥聯絡，西北軍的發動首都革命，是他北上聯絡所收的結果。不久，奉軍入關，他即轉赴蘇聯考察。民十五，由俄歸粵，參加北伐軍，任中央政治會議常務委員，國民政府常務委員兼司法部長。民十六，寧漢分裂，擺脫政治，在上海居住，跟著轉到九龍修養。民廿二，參加福建的人民革命政府，曇花一現，便又息影閒居。民廿六，日閥侵略，抗戰軍興，即到南京，共赴國難，任國防最高委員會委員，又往漢口，任參參政員。後來因為舊病復發，心臟微弱，不能夠長途跋涉，回到九龍靜養。這是他從事政治活動的大概。他除了投身司法和政治活動之外，在上海曾創辦法政大學（後改法政學院），當過律師。在平津的

《益世報》任過總主筆，在北京任俄文專修學校校長，在廣州任嶺南大學文科教授。生平著作，已出版的有《筆法探微》，《用筆十九法》，《詞學》，《勞資合一》及基督教救國主義小冊子多種。

在民國五年至十三年間，他對於基督教是很努力研究與廣大宣傳，而且是從事基督救國運動的領導者。談到他皈依耶穌基督的原因，是有一段軼事可述說的：「民國元年，他辭了司法次長不幹，就因為反對袁世凱有個人專政推翻民主政治野心，後來，二次革命失敗，袁世凱野心日熾，甚至叛國稱帝。當時他感到沒有倒袁的力量，只能在社會上發點牢騷。他的哥哥風人和幾個朋友，見他苦悶銷沉，便勸他研究《新約聖經》信仰基督教，取得安慰。他回答說：『我也祈禱上帝，如果袁世凱死了，我就相信宇宙間的上帝，加入基督教。』果然，他的話說了不久，袁伏天誅了。他滿心安慰，就毅然決然的在北京中華聖公會受水禮皈依基督。所以他的信仰是從救國的思想而發生，換一句說，就是根據基督的救世主義做救國主義。他認定耶穌宣傳天國，並不是另一個世界，而是要天國在現實世界的實現。耶穌之死，雖非因實行革命，但所宣傳的教義，確是反對現勢力，即執政者和富人，他巒懼怕耶穌要做猶太王，所以將耶穌釘在十字架，就是怕他要實行社會革命。他從這個觀點，以為普通基督教只宣傳救人教世，而不宣傳救國，並且提出政教分散的主張，避開救國問題，他認為這不是耶穌的真教義。若基督教不能解決救國問題，那麼，救人救世全是空談，可以說全是迷信。要是政教分離，將教徒劃出國民以外，使一國多一個教徒，即少一個國民，其害甚大。因此，他認清楚基督救國主義的精點，便不辭勞瘁的努力宣傳基督救國主義了。在袁世凱陰謀醞釀叛國時期，袁嗾使他的御用工具國會議員，提出一個法案，其中關於普通規定信仰宗教之自由一條被刪去，而改為『孔子之道為修身大本』。民國五年，黎元洪任總統還是一樣，無疑的這在宗教信仰方面說，積極的，好像規定孔教（？）為國教，而消極的，否認人民有信仰宗教之自由。當時的一般基督教徒起了恐慌，因為在次年春間（民國六年），就要開國會來議這個憲法案，所以想設法在事前恢復『信教自由』的規定。那時他做司法次長，已受水禮入教，於是先由北京基督徒領袖提議組織信教自由會。天主教（公教）的領袖，也贊同這個意見，於是開了歷史上罕有的一個例子，就是基督教與天主教兩個教會聯合起來，在北京組織『信教自由總會』，分設全國基督教之部和全國公教之部，徐氏被推為總會會長，主持中央會務。誠靜怡為基教之部代表，馬相伯為公教之部代表，其他如：俄國東正教、佛教、道教等也各推派代表參加，共同合作，因此開了歷史上各宗教大聯合的新紀元，這是他所策動的。」

我們從這一段的記述，便知道他的宗教思想和策動各宗教聯合，從事宗教自由信仰運動，也就是爭取思想自由的表現。

之後，從民國七年至十三年的幾年間，他無論在上海、廣州、香港、漢口、開封、天津、洛陽、南苑、甚至美國，總是到處宣傳基督救國主義，編印刊物，公開演講，定期研究，招收了許多會員。同時並組織救國聯合會，使一般不是基督教信徒也可以加入共同活動。最大的效果，在廣州是鈕永建所統率的海軍陸戰隊，每週在黃埔的司令部，例有演講會。在北方呢，就是馮玉祥所統率的部隊全部加入，一致行動。這是他所領導基督救國運動的偉績。我有一次問他，所信仰基督教義的主旨。他列舉了三點告訴我，他說：「第一、犧牲，耶穌是為救國將自身一切利益以至於身體都犧牲了。第二、服務，耶穌是為救國而服事人，而不要人的服事。第三、團結，耶穌是教群眾與他聯合為一體，使一國的人民成為一個整個的組織，我相信這樣行為一定可以救中國，而新中國就必須在這一點上才能夠建立起來。」可見得他的信教是另有他的信仰，絕不是迷信盲從的了。

他的思想是前進的，雖然將到古稀之年，而他所發表的文章，或談話間的議論，很難估量得出他是上了如許年紀的人。他日常生活沒有什麼不良嗜好，只是好寫字，好圍棋。他對於書法是很自負的，中年寫碑，晚年多寫草書，自說是深得用筆的祕奧。從前人們寫字多說是「八法」，他呢，研究書法的結果，推進而成十九法，著有《筆法探微》一書，抽絲剝繭般推論申述，可見得他致力書道的功夫了。

做詩，是中國文人的雅好，他也不能夠例外。二十年前，我有《紅樹室書畫集》的編集，他曾賦詩贈我詩云：

十載論交久，相知在性靈；
豈期難救國，底事又勞形！
我羡乘槎客，君耽陋室銘。
未除文字習，何不閱金經！

趙堯生、張大千為我合作《鄉居詩畫卷》，他題詩云：

詩人自是好鄉居，安步何殊出有車。
造化更堪驅使在，畫師一為寫蘧廬。

鼎嘗一臠，可例其餘。

他高興的時候，也好動筆繪畫來消遣，詞呢，就很少做。他有一個好習慣，私人的信素來是自己親自動筆，除非他在病中不能夠執筆的時候，絕少請人代筆。他在做司法部長時，公務極忙，私人往來的函件，還是親筆寫的。我和他相交二十多年來的通訊，絕沒有收受過他一封是由書記繕寫而由他簽名的信。他曾和友人說，私人信札，而我找人代務是最沒有意思而且減卻了雙方的情誼。

他的身體，個子很高而帶點清秀，近視眼，眼鏡是經常戴著的。演講清晰動聽，精神也飽滿，常常連講兩三個鐘頭，沒有一些倦容聲嘶。晚年，說話時頭部有些頻頻的動搖微點著，語尾發出「唔、唔」的音調。像是很有把握似的，雖然如此，他的思想絕不因為年紀大而有些落伍，還是娓娓的和親友們談天，津津有味，因為他素來是健談的。

廿七年冬，廣州陷敵，許多失父失母或失學的兒童到處漂泊，他就和他的夫人沈儀彬女士，在九龍的粉嶺創辦中國難童工藝救濟院，收容了一百多難童，供給衣服膳宿，半工半讀，教他們生活上應用的實際技能。當他為了擴充院務，招待各界的時候，大家團聚在一起，協商用怎樣的方法去幫助他籌措經費。當時葉恭綽慨乎言之：「以一個外省人來收容教養廣東的難童，是廣東人的恥辱！以一個老頭子來負責墊募款項來做救濟難童事工，是青年人的恥辱！」這些話，反映出他的熱忱社會沒有界限的服務社會了。雖然他因著身體關係，沒有到重慶出席參政會，但在九龍，還盡他的職責，做點救濟教育工作，這是很可欽配的。

從沈儀彬夫人的〈四十初度示季龍〉詩，隸事屬詞，可以知道徐氏家庭的輪廓，節錄於下：

……

廿六賦于歸，君語致拳拳：

結縭為夫婦，邂逅或前緣。

幸毋棄葑菲，誓比金石堅。
家固無恆產，有母病淹纏。
有子將就傳，覆育賴君焉；
有女始扶床，弱哉此戔戔。
更有不字姊，敬事禮勿偏。
旁及期功親，一一須周旋，
中饋宜儉約，讓水稱廉泉。
中夜聞此語，五內如憂煎。
夙夜敢云勞，殷勤治豆籩。
君母固愷悌，差幸免罪愆。
子女具天真，出入饒我前。
荏苒十餘稔，寧辭手足胼。

君母壽考終，君姊尚健全；
君子已成立，君女比我肩。
我亦有子女，玉立何娟娟。
君今為我壽，韻語復華筵。
兒女羅酒漿，稱觴共壽先。
東鄰窶人子，良田連陌阡；
西鄰遊俠兒，廣廈方連延。
同學諸少年，肥馬荐花韉。
君仕二十載，四壁仍蕭然。
……

徐氏是於廿九年九月廿六日，在九龍塘逝世，享壽六十九歲。偶然感著，思今念往，拉雜的追寫此文，或不至蹈入多餘的話吧。

落華生——許地山

許地山

落華生許地山，於民三十年八月四日下午二時十五分，在香港羅便臣道的寓所逝世，享年四十九歲，回想起來，這是中國文化界的一個巨大損失！

我還記起那天的上午，九龍天文台上懸起八號風球，雖然颶風的前哨絕沒有一點聲息，可是人心已經有了一些騷動，好像罡風就要侵襲港九似的。然而在下午二時半，就有一位朋友來說許地山剛才在家逝世了。我聞著不禁有點驚愕，立即打電話到許公館詢問，果然屬實。這一天，颶風沒有襲港，獨是噩耗傳來的損失，較之颶風更加來得厲害。那麼，八號風球的掛起，容許就是地山逝世的象徵吧。

許地山的家世怎樣呢？容我先來說一說，從《窺園留草》（是他父親的詩集）裡《窺園先生年譜》，知道他是生於光緒十九年癸巳，在台灣的台南出世，名贊堃（乳名叔丑）。那時他的父親允白（南英），是三十九歲，中庚寅會試恩科會元夏曾佑榜下第十八名，欽點主事，籤分兵部車駕司加員外郎銜的第四年。出世第二年，就是甲午中日戰爭，他的父親被舉為團練局統領，率勇二營抗日；日兵入台南，就避地暹羅。不久，轉到廣州，先辦差事，後來歷任徐聞、陽春、陽江、三水等縣知縣。他十三歲，和兄弟們入隨宦學堂讀書，課外先後請倪玉笙、韓貢三等補習經史。地山在中小學時期，可說是在廣州受教育。民國元年，任福建省立第二師範教員。民二轉赴緬甸仰光任僑校教員，那個時候，他是二十一歲，當他離家出國的辰光，他的父親有〈示四兒叔丑〉五古一首來勗勉他。辛亥革命軍起義，這位老人家解除三水縣職，攜眷返福建，因為他們在南洋歸國時，早已轉籍龍溪了。到漳州後，被舉為漳州民事局長。等到地山住仰光時，他的老人家是在龍溪縣知事任。民四，他從仰光返福建，和台中林月森女士訂婚。民六，因求學業深造，到北京入燕京大學，研究神學，畢業得神學學位。

順便附帶談談他老人家一段故事。在民國五六年的時候，他家境不好，有勸他回廣東去的。因為當時廣東省長李耀漢是他任陽春知縣時所招撫的一人。彭華絢在省公署已得要職，寫信約他到廣州，說李省長必能以高位報他。他對家人說：「我最恨食人之報，何況他從前曾在我部屬，今日反去向他討瞰飯地，豈不更可恥嗎？」至終不去。這可以見到這位老人家的品格了。因此又聯想到香港有一家報館想請地山寫文章，地山終始不肯寫，對朋友說，「無論這家報館是三元一千字的稿費，即使一字千金，我也不屑替它寫稿。」原因是有他的固有特性，絕不能夠勉強去幹，文章更不是應酬商品了。

地山在廣州讀書時候，對於國學本來有興趣，在北京求學期間，巧值五四運動，他異常努力，尤其是新文學的寫作，成為文學研究會的重要分子。

地山對於新舊文學和神哲學，都有相當造詣。燕大畢業後，更求高深的研討，繼續到國外留學，研究文史、宗教學。民十二至十三，在美國哥倫比亞大學得文學碩士學位；民十四至十五，在英國牛津大學得文學博士學位。民十六，由倫敦返國途中，道經印度，作一度的勾留，從事研究梵文和佛學。返國以後，即在燕京大學任教授，講授中國道學和社會學，並歷任清華大學社會人類學系講師、北京大學哲學系講師。民十九，再度西遊，潛心研究印度文學（梵文）和宗教哲學；和譚雲山同以研究印度哲學馳名。

當民國廿四年，胡適之南下香港，接受香港大學頒授的博士學位，當時曾向港大當局建議：港大的中文學院中國文史學系的主任人選應由中國人擔任。他該是從英國的大學畢業，對於中西文史有精深的造詣，有著述的表現，在學術界有相當的權威，而且是華南籍懂得閩粵方言，那就對於環境才能有深切認識沒有什麼隔膜。有這樣資格的學者來擔任此職，才能適合該系所迫切的需要，而必能有成就的。果然，港大當局接納胡氏的建議，幾經物色，最後還是由胡氏介紹地山到港擔任這「人地相宜」的職事。於是他就在民廿四年秋天受聘香港大學教授，主任中文學院的中國文史學系。香港大學開辦至今，中國人擔任教授的，只有兩個人。第一，是王寵益任醫學院教授，第二，就是地山。

地山雖然是一個基督徒，但他是另有他的信仰和思想，和普通一般的傳教者不同。就〈玉官〉小說裡，也可以知道一個輪廓。近年有時也好寫點舊體詩，詩體雖是七絕，而內容卻是新的，更不是無病呻吟與嘆老嗟卑的濫調。篆書隸書和梵文，高興的時候，也常揮寫的，當作一種美術來消遣，但同時他絕不鼓勵人家去埋頭埋腦研究書法。

地山兄弟六人，他是第四。他的大哥贊書，曾任廈門同盟會會長。二哥贊元，是黃埔陸軍小學畢業，留學日本，後來投身革命軍。三哥敦谷，是西洋畫家，畢業東京美術學校。弟贊喬，是醫生，畢業廣州光華醫學校，可說是一門俊彥。

地山的原配是台灣的林月森女士。繼室是北平師範大學理學士周俟松女士。周女士是湘潭周印昆（大烈）的女公子。印昆沒有兒子，地山就把他的兒子苓仲從母姓為周苓仲，地山在北平的時候，因著研究佛學，常常實地去參觀寺院，印昆的《夕紅樓詩集》裡有三首詩述及，如：〈同許婿地山觀臥佛〉、〈九日攜六婿許地山暨七女銘洗登石景山天空禪院塔臺〉、〈同林宰平、陳仲恕、叔通昆季、劉放園、卓君庸、竹特生、許婿地山由大覺寺至管家嶺看杏花〉等都是。

地山有兒女三人，長女楙新，是前室所生。次女燕吉，子周苓仲。卅二年以後，我在重慶，見著地山的哥哥敦谷，又重逢地山的夫人周女士。

地山是五四運動的中心人物，學術深湛，各中西新舊文學，都有深刻廣博的研討，致力文化教育工作，尤有極大的貢獻，在新文化運動時期，即運用他的清新簡練的文學技巧，用落華生筆名發表創作，〈命命鳥〉是他的處女作。短篇小說集有《綴網勞蛛》、《換巢鸞鳳》，小品文有《空山靈雨》等，曾經陶醉不少讀者的心靈，在文壇中有著相當的地位。對於歷史和宗教比較學，研究更加淵博與精微，著述有《達衷集》（是敘中英鴉片戰爭前之史料）、《孟加拉民間故事》、《印度文學》、《中國道教史》、《扶箕迷信底研究》、《道藏索引》等。他在港數年，創作小說，文字較長的，是〈玉官〉中篇，論文較長的，是最後發表的〈國粹與國學〉了。

寫到這，我就聯想到胡愈之替他寫《扶箕迷信底研究》序文幾句來：「老當益壯的蕭伯納翁近來說過這樣的話：『正為了是戰時，作家不應該把正在幹著的事停頓下來，欲要加工夫去做些與戰爭無關的事才好。』我明白蕭翁是反對『抗戰八股』。許地山先生就是像蕭翁所說那樣地幹著的。已經打了三年多仗了。這裡，一向是被看作高等華人的世外桃源的，現在也在忙著疏散婦孺，挖掘山洞，演習燈火管制。但是許地山先生還是和先前那樣地笑容可掬。他的鬍子並沒有比戰前加長一些。他對宗教學，土俗學的研究興趣，也沒有改變，當我這次來香港看到他的時候，他正寫完了一本《扶箕迷信底研究》。」

如果有人批評地山當年不實際去幹抗建工作，看了胡氏的話，也可以得著一個解答。其實他在香港六年，對於文化學術運動，做了不少，如中英文化協會、中華全國文藝界抗敵協會香港分會、中國文化協進會、港大中文學會、廣東文物展覽會、文化講座、中國電影教育協會香港分會、新文字學會等團體，都盡過很多的力量。其中有一半，我是和他一同參加，故知道比較詳細。他日常起居生活都很注意也很儉樸。他是終年吃素，同時也吃點葷，所謂葷，只是水族的動物，其他陸上的、空中的動物，他是不吃的。衣服也很樸素，通常的，冬天不離一件藍布大褂，黑呢帽，夏天是夏布長衫，白通帽。西服呢？我是沒有見他穿過了。常是笑口吟吟的對人，他感覺到怎樣的就說怎樣，待人接物，沒有用什麼的手段，都是抱著一片和靄真誠。永恆地保持著青年的熱情，不斷地和惡劣勢力戰鬥。可是他在四十九歲壯年時期，戮力學術的時候，便霎然的與世長辭了！他的死，是在中國抵抗日本大規模侵略的第四年，也就是法西斯侵略的烽火燃遍世界的時候，文化運動的戰士許地山適在這時撒手人寰。他是富於責任的，該是放不下吧！然而在他逝世沒有幾年，中國抗戰勝利了，他沒有看見，這在他個人魂兮有知，是何等的難過？我想。

「老子軍」創組人
張一麐

張一麐

吳縣張仲仁（一麐）在卅二年十月廿四日，以七十七高齡，病歿於重慶南岸清溪療養院。當時各報多有登載他的生平行誼。今我所述的是他從事於抗敵工作的一方面。

他本來是袁世凱的幕僚，參加機要，二十年來，言聽計從。袁竊國稱帝，他早已知道，雖經數度的誠懇勸諫，無奈袁氏予智自雄，又受宵小包圍，不聽忠告良言。他知道事已到此，不可挽救，便棄官悄然南下，回到故鄉蘇州，絕意仕進。後來白蕉寫了一部《袁世凱與中華民國》，他給白蕉補正不少。關於洪憲的內幕情狀，也曾在《申報》、《大風》、《宇宙風》發表了一部分。他在蘇州寄情詩文，替地方上做了許多工作，尤其是江蘇的政治有些變動，他便糾合地方有力量的人士出來說公道話，不惜犯權貴、批逆鱗，這種精神，老而彌篤。

「八一三」滬戰開始，他一方面儘量設法收容難民和救護傷兵，一方面對各抗敵將領努力鼓勵。感到自己年華雖然老大，但壯志雄心還是奮發，於是發起組織「老子軍」，想著共上沙場，殺敵致果。他的意義是凡是年老的人，決不願意自己的子孫當奴隸，遭受無限的苦楚；所以就趁著自己一息尚存還有力量去抗敵的時候，應該聯合起來努力反抗倭寇，替子孫造福。換一句說，就是和後一輩的中年人，站在同一戰線來抗日救國。這一種志願的出發點是偉大的神聖的，即使是青年，誰也要將來的子孫，站起來做人，誰也不願意坐視自己的子孫做異族的奴隸，所以舉國老老少少，起來抗日是必要的。

張氏提倡的「老子軍」，雖然沒有組織成功，可是義聲廣播，卻已振奮人心不少，軍事當局曾函電嘉勉。但是為了軍事要統一，不能夠隨便自行組軍，割裂中央統一軍權，不得不加以阻止。然而「懦夫有立志」，確已使畏葸恐日病之徒，聞風興起，這種無形的激動力，又和一師一旅的實力何異！張氏此種老當益壯，赤誠謀國的精神一時傳為美談。

「老子軍」組織不成功，國軍在京滬線西退後，他卻割鬚喬裝投身入游擊隊裡，繼續他的抗日工作。本來他的隊伍不多，敵軍的力量儘可把他擊潰，可是倭寇別有用心，威逼利誘的想找他出來做維持地方工作，他是拒絕了。之後，他更穿了僧服隱居穹窿山來掩飾一切。那時他的兒子為資在上海，幾次設法勸他到滬，他都不肯。最後誑他同赴廣福的游擊隊據點，繼續抗日，他才上汽車去，把他直駛入當時上海的租界。

民國二十七年五月初，他從上海到香港，我們異地重逢，無限欣慰。他把印好的《八一三倭寇淞滬後雜詩》一冊送給我，當中的七絕詩，共有一百五十九首，夾敘夾議，勃勃有生氣，如浩氣萬丈冲霄漢，我一口氣把他說完了。當中有述及創設「老子軍」的，如云：

昨夜風狂雨洗兵，天空軋軋有機聲；
笑言爾輩毋驚恐，老子軍如小范營。
（紅十字會所在范莊，宋夏人稱范公為小范。老子，余欲糾六十以上老者為「老子軍」，亦先賢志也。）

鄉賢小范本能軍，老子成群創異聞，
贏得元戎高論在，先驅何以謝諸君！
（老子軍草案，委員長馳電勸止，自當遵命，然同志來信，已寸餘矣。）
縱然祈死亦能軍，千叟同袍古未聞；
欲使懦夫生壯志，轉煩當局賁鴻文。
（蔣委員長來電，許為懦夫立志。）

在訂擬「老子軍」草案的時候，有人說既然有「老子軍」，也該有「老娘軍」才對。他卻以為年在六十以上的女子，多屬纏足，步履艱難，不便奔走沙場，但中年女子可組織女兵，有詩為證，詩云：

老子何如娘子軍，鬚眉畢竟讓釵裙；

木蘭未嫁嬰兒老，各撒環瑱願獻芹。

（擬以宋慶齡為軍統，李德全、何香凝副之，湯國黎、王立明為左右翼。）

在淞滬抗戰時間，他是異常的興奮，在雜詩中有幾首充分表現出那時他的心境，如云：

排日淞滬報捷音，倭寇授首協天心；

又聞北道行收復，痛飲黃龍酒待斟。

鹿兒島現我空軍，稍示膺懲滅敵氛；

報李投桃循古禮，紛紛倭婦索夫團。

（我空軍於九月三日轟炸鹿兒島，日軍人殉者，其婦有索夫團之組織。）

寧使寶山作焦士，田橫五百盡橫屍；
同胞同日同時死，取義成仁百世師。
（守寶山之姚子青全部俱殉）

洸洸飛將陷重圍，擊賊尤能奮國威；
南八男兒惟死耳，倭人傾到視神祇。
（空軍閻海文少尉）

熱淚雙行鄭俠圖，忽聞克敵又歡呼；
旁人錯訝成狂疾，歌哭無端是老夫。

八百餘人守死城，遺書訣別過田橫；
睢陽食盡將餐血，漢幟高張壓楚聲。
（八百孤軍）

蘇州，是淞滬戰爭時的後方重鎮，重要的將領多來此運籌指揮，張氏代表民眾接待慰勞，歡呼鼓舞，辛勤備至，我們把他雜詩錄出幾首，可見一斑：

大樹將軍忽地逢，桓侯態度轉從容；
座中更有楊難敵；出匣龍泉各及鋒。
（馮玉祥、張治中、張發奎、楊虎諸將，均同時晉接。）

一門將種顧元嘆，休沐黃忠遍體瘢；

更有鬱侯功第一，聊酬佳釀佐杯盤。

（以酒奉希平，敬久，綸甫飲。）

還有贈李烈鈞、顧祝同、陳誠、上官雲相、張伯英、嚴重等詩，都是慷慨激昂，鼓勵民族英雄的熱血壯志的。在蘇州失陷後，他統率游擊隊四五千眾與敵軍搏鬥。抗敵志士多集他的寓所，他戲呼游擊隊伍為「別兄」。有一夜，游擊隊長蔣士才來守衛，他一時興到，馬上寫了一詩云：

夜半槍聲夢裡聞，蔥靈群盜釀愁雲；

叩門壯士充游徼，多謝般般蔣子文。

游擊隊後來因彈盡援絕，散亡戰死殆僅剩衛士十多名，也遭倭軍夜襲。張氏倉卒智脫，倖得身免，但他的志氣絕不銳減。當他統率隊伍抗戰時，倭軍幾次派人和他接洽，餌以「華中政府主席」一職。他一笑置之，絕不搖動他的堅決心志，且賦詩來明白表示，詩云：

其一

曾向湘鄉受挺經，焚香一炷告神靈；
任人呼我為牛馬，龍燭何嫌爝火焚。

其二

寧學蒙莊曳尾龜，豈甘太廟寵為犧；

度人自度終何補，細讀華嚴泣路歧。

寧為曳尾龜，不作太廟犧，這是令那些叛國醜類讀了要愧死無地的。只是看看他的明志詩，也可以知道這位老頭子在淞滬戰役中的思想和行動了。後來他在香港和一部分人組織新文字學會，鼓吹拉丁化新文字。記得有一天，他約了許地山和我在高勞士打酒店茶敘，極力勸我參加他們的運動。大家談了三個多鐘頭，我還是堅持我的主張，即是我覺得目下我國言語不統一，拼音字很難通行，粵閩方言複雜，固是特殊；即江浙兩省的言語，也難相通。比如蘇州人說土話，南京人不懂，南京人說土話，武進人不懂，武進人說土話，上海人不懂。浙江呢，寧波人說土話，溫州人不懂，溫州人說土話，台州人不懂。台州人說土話，杭州人不懂。試問如此情形，拼音文字怎麼能通達呢？為著大眾識字，還是推行六百字課，較為利便實用。最低限度，識了六百個普通字，可以認識街名招牌，開發票與戚友通訊或看報紙，都不至於茫無頭緒；也可以檢查字典，認識生字。他知道我和他的意見有點不同，也不勉強我加入。他在港有時說話或在文字上過於露骨，卻給港政府誤會他的行動，幾次派人向他警告，那是港政府政治部中人不了解他的心跡。但經一度解釋之後，港當局才不再來麻煩他。

還有一些話再來談談的，當他和李印泉（根源）同在蘇州居住時，李在蘇州胥門外的小王山，經營闕園，安葬母親闕氏，張氏贈李氏的詩有說：「太炎（章炳麟）不作石遺（陳衍）亡，猶有城南小李王；要為乾坤留正氣，誓殲敵虜掃攙槍」。這是勉勵李印泉共同抗日。章、陳二人，昔同寓蘇州，他們過從很密的。八一三淞滬戰役，李和張氏收葬陣亡將士一千三百多棺，率同學生鄉民等萬人，披白致祭，負土安葬，李有小詩紀事。詩云：「霜冷靈岩路，披麻送國殤；萬人爭負土，烈骨滿山香」。悲壯蒼涼，令人欽敬。我的〈紅樹室圖〉卷子，承他題有七絕一首，那時是民二十八年的冬天，我們都在香港，我兼主編《大風》半月刊，故他的詩句，也借用「大風」二字了。詩云：「落魄香江唱大風，故山回首虎狼凶；劇憐紅樹污塵久，應浼倪迂為洗桐」。撫時感事，思國念鄉，有無限的感慨了。

國民參政會開會，他因年高的關係，幾次都由他代表致詞，句句從心坎中發出，語重心長，一股正氣，表現他的獨立畸行和愛國禦侮的心志，疾惡如仇的精神。雖然有些話是說的激烈一點，正是表示他的赤心謀國，公直的耿性。

他的個子並不高，面貌清癯，鬚髮都已白了。他遊雲南曹溪寺，見楊升庵像，同遊的都說他是升庵後身，他自己也相信，在升庵像旁攝影來留紀念，並寫詩為證。詩云：「人言我貌似升庵，四百年前共一龕；來向優曇花下立，阿羅漢果儻同參」。這也是很有風趣的一段故事。他的說話，他雖然在北方很久，還是脫不了家鄉口音。如果初次和他談話，對於他的話，有些是感到不大清晰，牙齒不健全，影響發音，也是一個原因。他住在九龍漢口道時，如果不是大雨或是身子不舒適的話，每天下午必渡海到香港高勞士打的八樓茶廳，可以說是他每天會客的處所。一般朋友和他喝茶，為了表示敬老起見，都不需要他付賬，所以他天天都有茶喝，不必花費的。

詩言志的葉恭綽

葉恭綽

八年蠖屈與鴻冥，土室危巢共此情；
留得此身無垢在，嚴霜毒霧不須驚。

舉頭憂患尚如山，澗底黃花分耐寒；
晚節秋容都莫論，且將貞白與人看。

竹松影裡小禪齊，葉落歸根好自埋；
齒冷邯鄲多一夢，地爐芋火早成灰。

豹皮留處虛增業，雁影沉時亦落空；
好把多生諸結習，一齊收拾刦塵中。

這是葉遐菴（恭綽）在病中聞著日本投降消息所感寫的詩句。

當卅四年九月八日，我因公由重慶飛到上海，第二天的上午，我就去拜訪葉氏。我們在香港分袂了三年多，關山萬里，行居無定，彼此沒有機緣通消息，現在能夠有機會在上海舊地重逢，在顛沛流離暫得安息之後，思今念往，感事撫時，自然談了半天，還不能夠說個詳盡。我臨告辭的時候，承他寫示〈病呻〉詩給我。在這四首詩中，他在八年來（從南京淪陷後到香港，而至香港陷敵後，被逼移居上海的期間）的環境惡劣，空氣穢濁，精神苦悶，與堅強意志的剛貞勁節也可知了。

葉氏近年來的起居，許多人都異常關懷，尤其是寄居在後方的人們，因著交通梗塞，消息隔膜，便有許多似是而非，不盡不實的偉說，有說他到北平去做和尚，也有說他還是羈留在九龍，甚至有傳他如「東坡海外」之謠。傳說紛紛，莫衷一是。惟是有一點最可告慰的，就是始終沒有人說他當了什麼偽官，那是千真萬確的事實，不致給人們猜三度四，這是凡是熟識他的，或是平日知道他的生平言行的，都可欣慰的了。

記得民國三十一年春間，我由香港脫身入內地，當我悄悄地跑去告訴他馬上便要離開香港的時候，我問他有什麼話要轉告內地的知友。他就把寫好的〈點絳脣〉調詞四闋給我。小序云：「高齋杜鵑甲香海，今春盛發，不減曩時。幽居末由臨賞，且知主人因有所避，已都攀折。聞之泫然，賦此志慨」。詞云：

錦樣芳菲，不同吟賞從拋擲。似曾相識。何計相憐惜。

月榭風亭，今日渾如客。今非昔。舊巢空覓。歸去如何得！

強說春歸，漫天花事何人管？嬌雲滿眼。轉覺東風懶。

剗卻珍叢，免惹游蜂攢。腸真斷。千般繾綣。博得芳筵散。

風雨高樓，百年離別須臾事。珠沉玉碎。一晌真如醉。

不道悽清，香淚猶凝臂。盟空締。回文錦字。剩得供憔悴。

絕代嬋娟，瑤台自惜千金價。風姿林下。顧影真如畫。

幾度飄蓬，茵溷都堪怕。拼衰謝。寸蓮塵麝。任逐鵑紅化。

這是他蟄居九龍的海防道時，四周駐有日軍監視，行動失掉自由。憂憤苦悶，交織在心頭，便借杜鵑花做填詞對象，來宣洩心中的憂幽孤憤。詞末並有跋語，略云：「萇弘之碧耶？正則之騷耶？淵明之菊耶？宏景之松耶？開府之賦枯樹耶？東坡之詠直桂耶？抑為我佛所拈之花耶？老人所結之草耶？聽之而已。有所託？無所託？抑不足計也」。

滿腔孤憤，充分在字裡行間表露著，也可以見到他那時的心境是怎樣的了。民國廿九年的春天，他是住在香港干德道的高齋，當著後園的杜鵑花盛開，怒發如錦的時候，他一時興到，做了幾首詩，又畫了杜鵑花手卷，約些文友吟侶雅集，賞花分韻，品茗暢譚，極一時之樂事。三十一年春間，他早已移居九龍，杜鵑花節，感著環境空氣，今非昔比，處在惹人愁思的暮春季節，也就借取杜鵑花來寄託，悽音苦調，像江上的琵琶，似月下的洞簫，如怨如慕，如泣如訴，使人讀了，寄與無限的同情之中，又夾著異常的欽佩崇敬。

記得民國廿六年冬間，國軍在南京撤退的第二天，他就靜悄悄地倉卒間收拾簡單行李，乘郵船到香港去，避免敵偽的威脅，或那些無恥之徒冒名招搖。到港以後，協助中央海外的文化宣傳事業，做了很多工作。這幾年間，港九的文化事業，空前的活躍蓬勃，廣大開展，固是留港文化人的通力合作，而葉氏的貢獻擘劃，實有他的相當業績。然而一個抱負非凡，滿腹經綸的志切中原的熱心愛國者，屈居香島，萬分苦悶，是必然性的。他的心志怎樣呢，我們在他幾年間的詩詞裡，當可深切地領會著，「言為心聲」，是碻切不磨的。

〈秋將至矣，萬籟方鳴，寫此示諸友〉：

靜觀久悟浮雲態，倦旅寧期惡木陰。
豈有鵷雛飲乳鼠，卻憐孔雀是家禽。
居貞已分歌長恨，枉尺何緣枉直尋。
惆悵魚龍空曼衍，好傾東海洗余心。

〈竹石寫貽丹林〉：

肯隨風柳弄柔條，知伴蒼松策後凋。
節苦未妨頑石共，心虛無慮俗塵銷。
尋芳漫逐春前屐，寫韻偏宜月下簫。

笑指煙霄容嘯傲，干雲直上不辭遙。

〈為丹林畫松〉：

人間何地著潛龍？風雨猶存過客蹤。
節迫未須階寸土，心枯寧耐迫窮冬！
空山顧影身堪隱，夜月高吟意亦慵。
賸有閒情銷未得，獨攜孤鶴聽霜鐘。

〈丹林以趙堯老詩卷屬題，余與堯老別將三十載矣，適行嚴寄示和余年前至港詩，因用原韻賦此，藉呈堯老，並示翊雲、禺生、履川、伯鷹、蜀中〉：

玉貌依然澹蕩人，一閒天放苦唫身。
便躭丘壑文寧喪，長往江湖夢欲塵。
舊事半迷燕市月，新陰知滿錦城春。
清詩隨地成行紀，無羡還應號順民。
（列子：不逆命，何羡壽；不矜貴，何羡名；不要勢，何羡位；不貪貨，何羡富；此之謂順民。）

〈前詩意未盡，再賦一首〉：

天空一鶴今猶昔，說與丹山老鳳知。
（蕘老三十年前贈余詩有句云：「世有群蛙沸，天空一鶴閒」）
出處偶聞風一吷，收身翻慮道多歧。

勞生只自慚銜石，知止何須待得坻。
稍喜德星明井絡，排空頻寄草堂詩。

〈題自畫竹〉：

獨立群芳外，何云賤似蓬。
盤根艱寸土，苦節耐西風。
短夢三生石，清陰一畝宮。
韜精賢可念，沉飲不須同。

〈五月廿夕大雷雨〉：

憂憤炎蒸若是班，宵來雷雨破陰孱。
藏林霧氣都連海，伏澗泉聲儼在山。
變極每為斯世懼，寇深彌念此身閒。
繩床皂帽成何事，虛擬遼東管幼安。

〈右任書來，念余近況，以清高相許，輒答一首〉：

平生志本非溫飽，守約方慚畏友知。
墮夢已憐天共老，同塵寧惜世能遺。
搴菱孰挽頹波急，息駕翻驚大道歧。
誰識秋來霜菊好，歲寒籬落自忘機。

〈六十初度志感〉：

勞生銷盡幾殊鄉，空晥千秋並八方。
入地終須存面目，違時誰與寄肝腸？
學荒媿不年俱進，世短寧知刦正長。
差喜冷吟成獨覺，餐風微挹嶺梅香。

〈眼兒媚：送饒伯子歸潮陽〉：

笛聲吹斷念家山。去住兩都難。舉頭天外，愁煙慘霧，那是長安。
僊都，路阻同心遠。誰與解連環？鄉關何處，巢林瘁鳥，忍說知還。

以上的詩詞，都是他違難香港時的作品。卅一年秋間到上海，敵偽威脅，比住在九龍的時候，來得加緊。可是他閉門養病，嚴為拒絕，永保著他的剛貞勁節的氣概與精神。他回到了上海以後的詩詞，現在也選錄幾首如左：

〈中秋前五日題自畫蘭〉：

豈有心期似所南，孤香寒韻總虛談；
空餘幾筆靈均怨，點綴殘年罔極菴。

〈秋曉偶題〉：

賸有孤花照海湄，悽然吾土獨懷思。

夢中陵谷尋常變，躔外星辰歷亂移。
萬念燼灰猶未下，九原可作定誰師。
古人來者都難遇，來日茫茫只自疑。

〈浣谿沙：民國三十二年重陽〉：

鎮日秋風只自忙，吟蛩哀雁費平章。新來萸菊也都荒。
久別殘年無笑口，更堪佳景觸愁腸。人生銷得幾重陽。

老懶新詩一字無。寧緣敗興為催租。秋風病骨幾曾蘇。
多難登臨將甚地，閉戶歌哭只如愚。不須菊酒慰潛夫。

我們看了葉氏這些詩詞佳句，便可以明白他在抗戰期中的心志，尤其是將松竹蘭來自況的話。民二十九年冬間，他六十生日，楊雲史（圻）寫詩奉祝，詩中提到他的先德。他的謝函有說：「大作述及先嚴，惟增永慕，孤兒垂老，於家國兩無所補，遂作流民，如何如何！」家國之恨，身世之痛，意在言外，無限隱憂。在他本人三十多年的經歷政潮宦海，文章事業，有特殊的建樹，彰彰在人耳目，而在國家多難的時候，竟至有所為而不能為，違難海外，羈留孤島，苦心掙扎，和敵偽搏鬥，感慨自然很多。回憶他十五歲時，〈詠蠶詩〉有說，第一首云：「衣被滿天下，誰能識其恩？一朝功成去，飄然遺蛻存」。第二首云：「作繭忘軀命，辛勞冀少功。絲絲雖自縛，未是可憐蟲」。

「詩者持也，所以持人之情性」，那麼，葉氏生平的抱負和能夠預料得到的是怎樣，他在少年時期，已經吐屬不凡的了。

附錄　葉恭綽不上掃葉樓

蔡登山

盧冀野在《柴室小品》中談到葉恭綽說：「對於文化事業非常熱心，為著輯《清詞鈔》費了不少精力；那印行的《廣篋中詞》四本，完成在抗戰初期，怕流傳還不甚廣，這是補譚復堂的書，並時作者的作品，收入了不少。戰前，他常來南京，只是不到掃葉樓，疚齋翁（案：冒鶴亭）告訴我，為的是樓名掃『葉』，他是不願意被掃的。」

葉恭綽又名譽虎，一作裕甫，號遐庵，晚年別署矩園，廣東番禺人。是我國現代著名詞學家、書畫家、鑒賞家、收藏家。出身於書香門第，祖父葉衍蘭以金石、書、畫名世。父親佩瑲通詩、書、文。葉恭綽自幼受家庭熏陶，喜愛書畫。京師大學堂仕學館畢業後，於光緒三十四年任郵傳部路政司主事，繼擢員外郎，又超擢郎中，旋轉承政廳僉事，後兼總局總科長，一年之間，連升五次，實屬罕見。民國肇建，袁世凱就總統職，任梁士詒為總統府秘書長，葉恭綽亦在秘書廳任事。曹汝霖在回憶錄中說：「余與譽虎，本不相識，民初項城設秘書廳，始見一人身矮而小，狀類侏儒，不與人招呼，忽進忽出，狀似很忙，詢知為鼎鼎大名的葉恭綽，為梁士詒的紅人，遂不敢小覷他。」葉恭綽是梁士詒一手提攜的大將，歷任交通部次長、總長，始終是北洋政府中，「交通系」的要角，直至梁財神鎩羽下臺，他才閒散下來。

國民政府統一全國後，一九三一年十二月，孫科出任行政院長，葉恭綽一度出任鐵道部長，未久即去職。此後未再出任政府官職。何以故呢？論者認為是得罪了丁文江、翁文灝的原因。因為在葉恭綽長交通部時，政府鬧窮，丁、翁兩人主持的地質調查所，經費積欠甚久，幾致解體，一再呈請撥款，當時閣議中，有人以學術機關，非同一般衙門，而所需款項，又不甚巨，主張由交通部酌量撥給。詎葉恭綽堅持該所不屬交通範圍，深閉固拒，辭氣甚傲。丁、翁兩人因之銜恨，到了後來丁、翁以教授身分入閣，葉恭綽遂無起用之望矣。

一九三九年梁士詒年譜在香港編印，由岑學呂編纂而葉恭綽綜其成。就其與譜主的關係，可說是最適當的人選。但葉恭綽卻說：「梁先生身當國步艱危之際，加以項城的知遇之感，所以不惜毀身辱名，甘願以一身赴天下之重謗，人之不諒項城者，遂不免遷怒於梁先生，因此此一年譜的編訂，為著牽涉國事者太多，而且更多顧忌處，一再刪改，可又不能不顧全事實真相。」可見有些事還真是難以著筆，因為譽之則眾怒難犯，毀之又私恩難忘。到了晚年葉恭綽還就其所知，口述《太平洋會議後中國外交內幕及其與梁士詒之關係》一書，文長十五萬言，為當年指梁士詒藉山東案為賣國之說，做一剖辨。草稿既成，而葉恭綽卻謝世，然其所言，足備文獻之徵，也還梁氏身後是非毀譽矣。葉恭綽對老友的清白，至死護衛，平生風義，求之今世，實亦難見。

鄭逸梅曾稱讚葉恭綽是政壇上的風雲人物，也是藝林中的典範傑才。葉恭綽曾祖、祖父兩世皆以詞鳴，自其垂髫，濡染家學，即能為詞。後隨父寓居南昌，師事萍鄉文廷式，又結交新建夏敬觀，詞風近似蘇東坡之清麗。而其退出政界後，與朱祖謀、黃公渚、冒鶴亭諸詞老過從甚密，還與龍榆生創辦《詞學季刊》。葉恭綽云：「古今中外之文學，皆以表其心靈，故胸襟見識，情感興趣，觸景而發，遂成詠唱。初無一定之矩矱也。」所以他主張寫其胸臆，不太注重藝術形式的推敲和鍛鍊，以真性情為歸，則文文山之〈正氣歌〉、岳武穆之〈滿江紅〉詞，令人感性觸發，豈遽不若李、杜、韓、柳？他認為「蓋詞學濫觴於唐，滋衍五代，極於兩宋，而剝於明。至清，乃復興。……二百八十年中，高才輩出，異曲同工，並軌揚芬，標新領異，迄於易代，猶猗餘霞……斯不可不謂之極盛也已。」因之他傾畢生之精力於清詞之蒐集整理，完成《全清詞鈔》和《廣篋中詞》二書，為清代詞學文獻整理做出不可磨滅的貢獻。

葉恭綽五歲，祖父教其執筆作書，年十二，臨魏碑，十五習晉唐人書，自幼至老，每日必親筆硯，故其書法是震鑠於時的。他主張「書法應根於篆隸，而取法則碑勝於帖」。他認為：每個字的結構，不應呆板規定。字的結構解決之後，還要講究骨力，字無骨力，就沒有精神。有了骨力，還要有韻味，否則一味硬挺，就索然無味。最後還要有氣勢。氣勢不但從顏真卿那種雄健的用筆中看出來，並且也從趙佶那種柔中有剛的「瘦金體」中看出來。而歸結於「書法須有修養，修養之道，第一為學問，第二為品格，否則雖對書法曾下苦功，然其字之表現，未免有卑卑不足之感。」

葉恭綽五十後始作畫，能松、竹、梅、蘭，而專精寫竹。他說：「……南下居滬，與余君紹宋、吳君湖帆往來，始究心於繪竹，習之不懈，三數年間，積至二三百幅，自不愜意，則悉棄之廢簏。抗日戰起，余由滬至香港，為日寇拘繫，乃畫竹自遣，始稍窺蘊奧。又由港至滬，資物盪盡，無以給朝夕，遂與梅畹華、張大千諸君賣字及畫，所繪亦略有進，荏苒數年，兼習梅松花卉之屬，然皆小景也。」然其畫竹，亦為世所珍視。

葉恭綽又是書畫收藏家、鑑賞家。他的收藏不亞於昔之項子京天籟閣，今之龐萊臣虛齋。然可惜的是，變亂頻仍，所藏十之六七燬失於兵燹中。他著作宏富，編有《全清詞鈔》、《廣篋中詞》、《廣東文物》、《清代學者象傳》等，又自撰《遐菴彙稿》、《遐菴詞甲稿》、《遐菴詩乙稿》、《遐菴談藝錄》等。

全能畫家張大千

張大千

沒有和大千相見，已有七年了，去年大千由成都來滬，我們第一次相晤，他劈頭第一句便說：「你到重慶幾年，為什麼不到成都來？」這句話，真把我說楞了。是的，二十七年秋間，大千到香港將要回川的前夕，曾替筱丹畫了一張〈入蜀圖〉。因為筱丹在那年的十月赴渝，圖上大千還題了「戊寅閏七月，寫贈筱丹世兄，時同客香澥。明日予亦將發桂林歸蜀矣。他日當相期於劍閣、青城間，出此圖共翫，一大笑也」。其後他們果然在四川重晤了。卅三年夏間，教育部在重慶舉行大千的臨摹敦煌壁畫展，他的子姪們到渝照料，事畢，我的家人和他們乘車到成都去，也和大千相晤。獨我在渝期間，沒有到成都，因此大千便有這句問話，在事實上他是該問的。老實說，我在重慶幾年，先後在交通部公路總局和軍事委員會戰時運輸管理局工作，要是想著乘車到成都去，本來非常方便。可是沒有特殊的要事，又兼了國立藝專的教課，便不想走動。因此入蜀三年，只是蟄居在山城的一隅之地。

卅四年秋九月，日本降服，我由渝飛返滬上，許多朋友見著，都有問到大千的近況。我入川後，雖然沒有和大千見面，但是消息常通，且不時有朋友往來，因之知道他的景況很詳。加以抗戰以後，大千兩次到香港，我們天天都有會面，所以也可以略為說說。大千去冬到上海，有些刊物，傳說些不盡不實的消息，有說他畫了幾十張老虎，也有說他帶了兩三個太太來申，也有說他生活很困苦，甚至說他吃大餅油條過生活。這些都是無中生有的事，根本不認識大千的人。大千是不畫老虎的，畫老虎的是他已經逝世多年的二哥善子。大千到滬只是一個人，家眷還在成都。說是生活困頓，更是違背事實。雖然馮若飛曾戲說大千是「富可敵國，貧無立錐」。但是這是另一方面的話，絕不是指大千生活而言。社會上既然有些人不了解大千，那我站在二十年友誼的關係上，來談談大千，也許不致於怎樣的隔膜吧。

大千是天姿奇逸，聰慧絕倫的人，不特能書能畫，而且能詩能詞，能刻圖章，真是多才多藝。生平好揮霍，心所好的，千金一擲無吝色，也有時身邊或者一文都沒有存貯，但是遇著名畫，雖值最高的巨價，也必先行留下，再行設法籌措交易。因之二十多年來他所得名畫，富而且精。估客因他精於鑑別而又豪爽能出高價，得著名蹟，多先送他欣賞購置。如去年冬間，他用了五十條金子，入董源的〈江堤晚景〉畫幅，花這樣的巨價來買畫，確是轟傳藝壇，打破了黃金購畫的紀錄。「大風堂」所藏書畫精品較多，即由此而來。

他對於飲食也很精研，最推重川粵菜。精於烹飪，逢著嘉客蒞止，常常是自己跑入廚房親自弄菜奉客。（江翊雲替我題大千繪趙堯生詩卷第二首：「海內張髯有盛名，敦煌歸後筆尤橫；難忘聽雨蕭齋夜，出網江鱗手自烹」。也是說他親自弄菜。）好吃冰其淋，一年四季，隨時一次可以吃十多杯。十多年前，往往為了吃一元多錢的冰其淋，而花去兩三元的汽車費，滿不在乎。平時不吃菸，不喝酒，要是碰著好友良會高談闊論的時候，一碗一碗的連飲幾斤，也絕沒有一些醉容。逢著旅行，輪船火車旅館，必擇頭等的來乘用。衣服樸素，終年穿布襪，但享用卻極奢侈。戚友們因急需有所求的，莫不盡力佽助，遇著手頭緊，那就立即伸紙寫畫給人去換錢。有時為著朋友求借很急，或是數目較大，便將所藏名蹟押去幾張取錢給友，這種急人之急，是很難得的。

他作畫潤例，取銷了十多年，平時外間求他繪畫，如果沒有因緣，雖送豐富的潤金，常不肯下筆。即使有人介紹，擱置了一年半載，也是常事。可是啊，他在高興的時候，往往只須幾小時，便可一氣繪成好幾張。尤其是賓客盡歡酒酣耳熱的場會，口講手寫，山水花鳥，仕女人物，隨興即畫，畫好即題，真有「手揮五指，目送飛鴻」之概。而要是他的好友，那就隨時找機會請他作畫，寫字，如果他是空閒的時候，他不拒絕。而送給朋友的，又是精品的居多。以前的朋友中得他畫的，首推亡友謝玉岑。我得他的畫，卷幅扇冊，合起來也有幾十件。可惜有一部分，因為滬港戰亂的時期散佚了。他常說：「人生最可珍貴的是友情，尤其是真正認識得我的作品的友人。金錢有什麼寶貴呢？如果金錢是可寶貴，我現在也可以擁著無數的錢做富翁了。」是的，金錢在他的手中放出去，前前後後，真是不可以數計的。

美髯公大千的行動，非常率真灑脫。他本是基督教徒，但他在少年時為著戀愛糾葛，一度在松江的禪定寺做過幾個月和尚，現在還用「大千居士」來署款。他好遊覽，要是他的念頭一動，不論什麼時候，想著立即就動身。往往在啟程前的幾個鐘頭，有時甚至動身後，他的家眷還沒有知道。這種獨來獨往的行動，確是藝術家的自由本色。他的錢，有時雖有短缺（但不是生活艱苦），但對於用錢，又絕沒有一點吝嗇，真有「千金散盡還復來」樣子。

大千跌宕風流，異常風趣，十多年前，他遊高麗，戀著韓女春紅，紅袖添香，雅人艷事，繪畫冊留念。冊尾題云：「客舍無俚，春孃日來侍几硯，意有未達，以畫詢之，會心處輒相與啞然笑，因綴截句於畫末，亦客中一段因錄也」。〈贈春娘詩〉云：「夷蔡蠻荒語未工，那堪異國訴孤衷！最難猜透尋常話，筆底輕描意已通」。〈再贈春紅〉云：「新來上國語初諳，欲笑佯羞亦太憨。硯角眉紋微蓄慍，厭他俗客亂清談」。另有一冊，每頁題著自作的〈子夜歌〉一首，詩畫皆豔絕，如題〈紅蓮〉云：「歡如芙蓉花，生長湖心裡；移湖安儂屋，牽郎伴儂宿」。最後一幀是畫曬衣架掛著新洗紅素兩衣，砧邊蹲一個女子，停杵凝眸，思念遠人似的，題云：「歡如洗紅裳，洗紅日日淺；儂心似洗素，洗素素不澹」。當大千把這兩本畫冊給我欣賞時，我問他：「這宗豔事，嫂夫人知道嗎？她的玉照怎樣？」他就拿出與春娘的合照，一個是雪膚花貌的美人，一個是長髯寬頤的畫師，的是情伴。照片上他還寫著寄給凝素夫人的詩兩首：

觸諱躊躇怕寄書，異鄉花草合歡圖；
不逢薄怒還應笑，我見猶憐況老奴！

依依惜別癡兒女，寫入圖中未是狂；
欲向天孫問消息，銀河可許小星藏？

是真名士自風流，也許就是這樣！

有一次，在故都的中南海，幾位朋友聚著談天，相約各說一個鬍子笑話，上下古今，把留鬍子的譏諷得謔而又虐。大千聞著，態度安閒的說：「我也來講一個鬍子笑話：從前讀《三國演義》，見關興、張苞隨劉玄德興師伐吳，替乃父關雲長、張翼德復仇，興和苞爭做先鋒。劉呢，無法決定，於是說：你們試各說你父親的戰功，多的當先鋒。張苞年長於興，因先訴說：我父當年喝斷當陽橋，夜戰馬超，義釋嚴顏，歷歷如數家珍。關興口吃，氣得無話可說，良久才大聲疾呼：『我父鬚長數尺，人多稱他美髯公，先鋒一席，應由我當。』這時關雲長英靈在空中聽著，氣得鳳眼圓睜，大罵：『你這不肖的小子，你父在日，過五關，斬六將，斬顏良，誅文醜，以及水淹七軍，單刀赴會，威鎮華夏；這些都是千秋功業，你全不記得，為什麼單單只說老子這一口鬍子呢？』」各友聞著，都佩服大千的急才和幽默，相與大笑而散。

現在略談大千的畫吧。記得十年前我在中華書局出版的《大千畫集》序裡有說：「大千繪畫的成功，固然因他生在四川環境的山水奇險而雄壯，日相狎接，蘊在胸襟。

又富於藝術的天縱才思。兼以不斷地用功，才能夠有今日的成就。他的大風堂裡，珍藏著歷代名畫千餘件，總覽百家，不拘一體一格，和什麼派別，都下過一番苦功，尤其是盡得石濤、八大、石谿、漸江、大風、冬心、新羅各家的奧秘，融會貫通，擷取古人的精華，去掉他的糟粕。一筆一畫，無不意在筆先，神與古會。用筆縱橫，渾厚蒼潤的氣韻，鎔合南北宗於一爐，自成蹊徑。這是達到神化的高峰，沒有一點拘牽跡象的了。加以二十年來，遊歷國內外名山大川，……遊蹤所到，莫不在那窮山荒谷的斷崖絕壁古剎長松的地方，略風雨晴晦的真趣，採取大自然的景象，來做畫材。如石濤所說『搜盡奇峰打草稿』。所以他的畫，一切布局設色，無不匠心獨運，簡直以造化為師，來自寫他心中的宇宙境界。又如惲南田〈甌香館畫跋〉所說『一草一樹，一丘一壑，皆靈想所獨闢』了。……」

大千臨摹古畫的功夫，真是腕中有鬼，所臨的青藤、白陽、石濤、八大、石谿、老蓮、冬心、新羅各家，確能亂真。尤其是仿作石濤，最負盛名，不特畫的筆墨神韻，和石濤真蹟一樣，題字圖章，印泥紙質，也無一不弄到絲毫逼肖，天衣無縫。但是他當作是遊戲的工作，在好友前，絕沒一點隱諱。可是一般畫商與好古的藏家，得著石濤畫本稍精的，莫不詫嘆驚訝發生「這是大千所作」的疑問。然而大千所作的石濤，固已散遍世界，顛倒國內外的鑑藏家了。本來以贗亂真，是藝術家的狡獪手段，朋好談笑，也可以取樂一時，是不足為訓的。但是學習國畫必先臨古，臨古必求他的維肖維妙，可以亂真，這是學畫必經的階段，不可忽視，所謂溫故而知新。可是近年大千作風變了，以前那些製作古畫，在他生命史上，只是遊戲人間不可磨滅的一頁罷了。

大千的畫風怎樣轉變的呢？那是他萬里長征，到敦煌去，在中外藝術交流的總匯，潛心繪畫幾年。這一個轉變，使他的作風，由石濤、八大、石谿、老蓮等，而轉到六朝五代來，如最近他所作的〈唐宮按樂圖〉，設色構圖，都費無數心思，突破以前一般畫家的常例。畫中是宮殿的一角，有類攝影取景的特寫。而人物的描繪，更為特異，要是不留心的，驟然看來，只見四五人而已，如果細心的觀摩，才知道畫中人有八。原來其中有僅露半臉的，有露著一裙的，有只見一腳的，這種構圖，在西洋畫或美術攝影中，間有說到，而在國畫的仕女中，似是創作了。他還有一個特點，就是畫的左右兩旁，畫有五彩圖案，這些圖案樣式，是從敦煌壁畫裡移植過來，絢爛華麗的色素，更加襯託整張畫幅的調和美。這種嘗試，大千是開創了國畫的新紀元，值得我們深長研究的。這種崇高偉大的繪作，真是宣威沙漠，馳譽丹青，在中國畫史上，除了大千之外，截到現在，還沒有第二個人。因為有他的志願，未必有他的能力，有他的志願與能力，未必如他的天才思想，能夠融合去運用。那麼，大千之所以為大千，不能不說是當代藝壇的全才了。

有一次，和葉遐翁（恭綽）談到大千的畫，遐翁說：「大千今後的作畫，最好專向人物方面寫作，因為當代找不著人物畫的畫人。而中國繪畫，本來人物畫最重要。大千有繪畫的天才，有精深的造詣，住在敦煌多年，正宜發揮他的長處，為近代中國畫壇放一異彩，為中國藝術接續他的光榮史。」遐翁對於大千相知最深，這番話實是的論，我也同此意見。

附錄　張大千指上功夫

蔡登山

張大千被藝壇視為「五百年來一大千」。有書畫鑑賞家稱說，大千先生，於畫無所不能，尤其令人佩服的是他仿造古畫的本領，真是神乎其技，一言難盡。有一次，他臨摹了一幅石濤的山水，並仿效石濤的書體題：「自云荊關一隻眼」七個字，又蓋了一個「阿長」兩字的假圖章於其上，居然給他矇過了黃賓虹先生，他得意極了。又說，不僅如此，大千對於摹仿各家的書法，尤其簽署，更是神乎其技，不可思議。他在東京的時候，有一天晚上飯後，他興高采烈，在許多朋友面前，當場表現了他的「絕技」。他先寫了馬麟、唐寅、陳洪綬、八大山人、清湘石濤、金農幾個簽字，維妙維肖。這且不算，他還以左手寫了「子貞何紹基」五字，那簡直與真的一模一樣，絲毫無異。當時東京博物館的考古課長杉山勇造也在場，看了之後，不禁目瞪口呆，有若木雞。此話我求證於當年也在東京的張大千好友黃天才老先生，也證實了該說法是真實不虛的。

張大千以妙手作畫，既為古今僅見之才。他以妙手寫真，卻為古今少數之筆，因為從來名畫家不屑寫人像，他們認為為人畫像那是畫匠的事，大千亦作如是觀。他為時人畫像，審慎綦嚴，惜墨如金，不輕易落筆。若必強求，或因勢不可推卻，則必索潤之巨，令聞者咋舌，其意在令其知難而退也。

反之，如其人為所心儀的前輩，或為其生平知己，則大千會欣然走筆。如他曾為其四川前輩詩人、書畫家趙熙（堯生）及他哥哥張善子的老師傅增湘畫過像，也曾為電影紅星林黛畫過像。但據大千自言，生平為人寫照，先後不出十幅而已。晚年則僅為名醫費子彬畫過一幅像，這其中還有段故事。

費子彬祖籍江蘇武進的孟河，他的遠祖費宏，在明世宗朝官居首輔，因鑑於宦海多故，勉子孫勿再從政，開始以醫為業。計自明中葉以迄有清一代，孟河費氏之醫學，代有傳人，亘數百年之久而盛譽不衰。清代著名文人如俞樾、翁同龢、李慈銘等人的著作，都有關於孟河費氏醫藥之記載。尤以從不輕許人的李慈銘，在其《越縵堂日記》中推崇孟河費伯雄為「當代第一名醫」。費伯雄有獨子費畹滋，通六藝，精書畫，著有《舌鑑》、《群方警要》二書，皆為醫學名著。畹滋有三子，其中老三費惠甫，就是費子彬的父親。

費子彬儘管家學淵源，但他並不急於繼承醫道。在他裘馬少年時代即遠走京華，公卿笑傲，極得段祺瑞之器重。燕都本為人文薈萃之區，他所結交的又都屬當代碩彥，側帽歌場，寄情詩酒，又誰知他從政之外，還懷有濟世活人之絕學？到了一九二六年秋，他南旋上海，在靜安寺路鳴玉坊，創設孟河費氏醫院。當時求者紛沓，有醫門如市之盛。其所以如此，不但是由於三百多年的名醫世家，還在於費子彬對於治症有獨擅的心得，所謂「輕藥治重症」，這是中醫最難達到的造詣，譬之太極拳術之「四兩撥千金」，寥寥幾味草藥，卻讓你藥到病除，不費吹灰之力。

一九四九年春，費子彬由上海南下，懸壺濟世於香江。一九六三年，張大千由南美來香港，擬轉往巴黎，已訂好飛機票。行前數日，忽覺喉頭浮脹，咳嗽頗劇，他原以為是感冒引起，也不太在意。一天偕友去澡堂沐浴，解衣之際，始覺右胸隆然墳起，如碗口大。浴罷，大千請其友，退去機票，獨訪費子彬，並示以病象。費子彬斷其為風邪鬱積，只須化痰清熱去邪，便可平服。語畢，授以自製藥粉（此即「費老五房」歷代相傳秘方之一種）一服，囑於歸後以溫水服用。次日，子彬又為處一方，囑服兩劑。如是三天，果見脹平咳止，胸腫若失。大千訝其奏效之速，轉以退去機票為失計。

張大千與費子彬交誼向篤，在上海時費夫人侯碧漪曾師事張大千習畫。侯碧漪江蘇無錫人，為清代侯葉唐侍郎之曾孫女，名門閨秀，家學淵源，早年從同邑吳觀岱、孫寒崖兩先生遊，詩文書畫，已自斐然。後執教於無錫競志師範學校有年，樂育英才，桃李盈門，為名震當時之藝術教育家。自歸費子彬後，五十年來，琴瑟和諧，鴻案相莊，人稱今之梁孟。其晚近書畫作品，造詣愈臻高古精純，且多喜放筆為水墨渲染之作，所謂由絢爛歸於平淡也。

張大千康復後，曾戲詢費子彬將索何物為謝？子彬答曰：「我輩功夫，都在幾個指頭上。我以是來，汝以是返，不如為我作一寫真為佳，謝於何有？」費子彬的所謂「在幾個指頭上」，是指畫家及醫生都靠著手指握筆或診脈。子彬亦工詩文，他自詠詩中有句云：「白髮蕭疏日日添，儘憑三指換油鹽。」前一句是寫實，後一句是自謙，他到了齒德俱尊的桑榆之歲，認為當醫生若無割股之心，豈不真為混飯的走方郎中？因此他確是一心一意的要以仁心仁術來壽世壽人。

張大千為費子彬畫像時，費子彬並不在座，大千全憑想像，淡淡幾筆，雖落墨無多，但卻傳神而獨到。背景又畫松樹一株，藉著虬蟠之勁質，來為仁者壽。畫好後，張大千反覆端詳，並張之於壁間，不著一字，及見先後來客，指畫問之曰：「這不是費子彬老醫生麼？」如是經過約十數人，張大千始欣然色喜，對畫像自言：「此真我老友費子彬矣。」於是乃題款云：「子彬老友七十二歲造像，癸卯二月大千弟爰」等十八字，然後送給費子彬。

費子彬得到張大千的畫作後，珍如拱璧。找來詩人、書法家曾克耑題了五絕一首云：「杏林春自滿，龍鬚煦彌青。欲逐長房去，千山劚茯苓。」費子彬又自題：「雲山何處，海日逝歟，四顧茫茫，天地無語。」等句，而囑夫人碧漪書之。又費子彬於龔定盦詩集研讀甚精，掩卷背誦，無所掣肘，故其於診務之餘，遣興寄情，每就龔句剪裁，綴集渾融，天衣無縫，曾寫有《古玉虹樓集龔定厂詩》。他一九八一年病逝後，夫人侯碧漪為其編輯《費子彬全集》於一九八四年出版，其中封面就用張大千為其所畫之像。

附錄　張大千在藝壇文友間

蔡登山

徐悲鴻曾推譽張大千為「五百年來一大千」。張大千在《大風堂名蹟》序中寫到：「世嘗推吾畫五百年來所無，抑知吾之精鑒，足使墨林推誠、清標卻步、儀周斂手、虛齋降心，五百年間，又豈有第二人哉」。張大千精於鑑賞，對此他頗為自負，不管創作亦或鑑賞，五百年來張大千是第一人。對此大師，不管傳記或論評多矣，余非專研此道，不敢妄加月旦。因見張大千與諸多好友之照片，搦管寫此小文，或可見其與藝壇文友間，生死情誼於萬一。

渡海三家，藝壇爭勝——張大千與溥心畬、黃君璧

張大千與溥心畬、黃君璧三位大師，雖在大陸出生，但到晚年都定居臺灣，因之臺灣美術史稱之為「渡海三家」，而張大千與溥心畬又並稱「南張北溥」。

一九二八年秋，張大千從上海赴北京訪友，經陳三立（散原）和著名畫家于非闇介紹，而結識了溥心畬。他們常常在一起談書論畫、吟詩作賦，結下了深厚的友誼。他們的畫經常一起在北平的琉璃廠展出，銷路甚暢。有鑒於此，當時琉璃廠集萃山房經理周殿侯提出「南張北溥」之說，得到于非闇的回應，並在《北晨畫刊》上刊登了一篇題為「南張北溥」的文章。從此，「南張北溥」之說傳遍大江南北，聲名日隆。張大千對溥心畬非常敬佩，認為「南張北溥」之說不妥，他說中國當代畫家「只有兩個半」，一位是溥心畬，另一位是吳湖帆，應稱「南吳北溥」，半個個是謝稚柳；另半個已去世，是謝稚柳的哥哥謝玉岑。

溥心畬作為皇室後裔，他不僅自幼博覽群書，更有機會飽覽許多宮廷藏唐宋名畫古蹟，心摹手追，皆能得其神理，善山水、人物、花鳥、走獸。山水以「北宗」為主，筆法參略「南宗」，注重線條鉤摹，較少烘染。溥心畬學畫是無師自通的。他自己說：「蓋有師之畫易，無師之畫難；無師必自悟而後得，由悟而得，往往工妙」。溥心畬又是書法名家，他家藏古代書法極富，面對真蹟心追手摹，所以他臨米芾幾可亂真，臨趙孟頫帖也極得神韻。人評曰：「以右軍為基礎，嘗出於米、蔡堂奧，朗朗如散髮仙人，凌虛御風之意，為近百年不可多見之作。」溥心畬又是位詩人，舊體詩寫得極好，「腹有詩書氣自華」。因此他晚年在臺灣對弟子就曾說：「如若你要稱我為畫家，不如稱我為書家；如若稱我為書家，不如稱我為詩人；如若稱我為詩人，更不如稱我為學者。」

書法名家啟功先生曾說溥張兩人：每一相逢，張大千先生拉過宣紙即席揮灑，「眼快、腦快、手快」，然後遞給溥心畬，溥先生畫幾筆再扔給張大千，不一會兒，一幅南張北溥合作畫即告完成！據溥心畬的弟子傅申在〈南張北溥的翰墨緣〉文中說，溥張合作最多的是三〇年代和抗戰勝利後的北平時期，以及五〇年代的日本時期。傳中還說：「溥張合作畫最早的是一九三二年的〈溥張合作山水冊〉十二頁。……這十二頁都是溥氏先在每頁畫了部分山石、樹木、或寺宇房舍，然後請大千完成的。……近樹與寺宇多出自溥氏，人物各半，山石及遠景十九皆出自大千，只有末幅的主景近山出於溥氏。」

另有一無意間的合作，黃天才在《五百年來一大千》書中說：「大千一九五四年夏間在東京繪贈臺老那本冊頁的最後一頁，就是山田的畫像（案：張大千在日本的「紅粉知己」），大千並題記：『畫成，既題署，侍兒謂尚餘一頁，興已闌，手亦倦，無暇構思，即對影為此，是耶？非耶？靜農何從而知之耶？』當時，同在臺北的溥心畬聽說大千寄來冊頁，遂向臺老索觀，臺老將冊頁帶去，溥心老逐頁翻閱，邊看邊讚賞，翻到最後空頁，未待臺老相請，溥老拿起筆來就題：『凝陰覆合，雲行雨施，神龍隱見，不知為龍抑為雲也？東坡泛舟赤壁，賦水之月，不知其為水月，為東坡也。大千詩畫如其人，人如其畫與詩，是耶？非耶？誰得而知之耶？』」黃天才認為「山田小女子，得

『南張』為之畫像，『北溥』為之題識，復得一代文豪妥為珍藏，曠世機緣，還有更甚於此的嗎？是耶？非耶？小女子得而知之耶？」

溥心畬曾有詩讚美張大千曰：「滔滔四海風塵日，宇宙難容一大千；卻似少陵天寶後，吟詩空憶李青蓮。」並對張大千的畫，讚之曰：「蜀客大千居士，天姿超邁，筆蹤奇逸，其人亦放浪形骸，不拘繩檢。畫如其人也。然其細筆則似春蠶吐絲，粗則橫掃千軍，盡後繪之能事矣。」而張大千對溥心畬的畫，也讚之曰：「學北宗畫，生動有致，近人所少見。溥心畬致力於此道，功最深，用筆設色，高步元人，歎為絕詣！」後來又說：「柔而能健，峭而能厚，吾仰溥心畬。」一九六四年六月十八日，張大千攜家人從巴西飛回臺北，特地到陽明山溥氏墓園弔祭獻花，並對子女說：「這位已故的溥伯伯是有名的大畫家，人家說他與我在國畫上有貢獻，他的造詣很深……」。曾是「南張北溥」，後來「北溥」之名漸抑，「南張」之名遂揚；一位獨居臺灣，一位風行歐美；一位發揚中國畫的傳統，成為中國近代畫壇的集大成者；一位兼收古今，薈萃中外，成為一位承前啟後、繼往開來的國畫宗師。

黃君璧比張大千大一歲，在黃君璧八十華誕，張大千對他笑說：「我們坐在一起，人人都說我老，其實我還比你小一歲，只不過我的鬍子比你老哥哥長一點。」說罷，兩位畫壇大師哈哈大笑。黃君璧最擅長寫雲與瀑，純以水墨浩瀚飛騰，無人可與抗手。早在一九二九年，張大千在日本第一次看到黃君璧的一幅山水畫，驚歎不已，發出「雲瀑空靈，吾仰黃君璧」的讚嘆。

關於兩人的交往，黃君璧在〈張大千是非常人〉文中說：「民國二十年，大千到廣州，過訪容安居（予舊居齋名），談笑為歡，誠如俗諺所謂一見如故。大千心愛古畫，看見舍下壁上懸有董玄宰墨筆秋山圖，讚嘆不已，我即舉以相贈，從此訂交。……並贈我以詩，有句曰：『眾裡我能獨識君，當時俊氣超人群』之句。其後，大千重到廣州，……我新得石濤和尚梅石水仙立軸，氣雄力厚，畫上並有石濤題詩，用小楷寫出，墨色之佳，無出其右，大千見了，又愛不忍釋，我就想到寶劍贈與烈士之意，即告訴大千，現在暫且讓我把畫掛在牆上，多看幾時，數月後我要到上海來，屆時即以此畫奉貽。等我到上海，實踐諾言，大千檢出元人寫虎溪三笑圖及石谿山水相贈。」

黃君璧又說：「民國二十五年，我在南京舉行畫展，他專程來寧參觀。民國二十八年，我作東道主，請大千及其公子心智同遊峨眉青城，盤桓匝月，兩人寫生，獲得很多好畫稿，互相切磋，得益非淺。……我的『君翁』之名，即是他所命名，並在山上為我刻一石章，上鐫『君翁』兩字，以後又為我刻『黃君璧』、『可以橫絕峨眉巔』兩方圖章，……」張大千對黃君璧極為敬佩，他在一九三九年所作〈仿石谿垂釣圖〉的題跋就云：「石谿一脈，三百年來惟吾友黃君璧獨擅其秘。自與訂交，予為擱筆，敬之畏之，又不僅如憚草衣之於王山人。客來山中，傳其遠遊西康，遂放膽為此，它日君璧或見此畫，應笑我於無佛處稱尊也。」

黃君璧入川後，聲名愈大，張大千、徐悲鴻對其畫都寄予極高的評價，後來由國立中央大學藝術系之聘請，為該系國畫教授，由重慶而回南京，有十一年之久。一九四九年到臺灣任省立（後改國立）師範大學藝術系教授兼系主任。一九五五年奉派赴日本文化訪問，因得與溥心畬、張大千在東京聚首。

黃君璧又說：「民國五十八年，我應南非開普敦博物館邀請，前往訪問及展畫，曾訪問大千於巴西之八德園，相見喜極，是晚大千即在家招待我晚餐，並手書菜單，囑其夫人入廚整治，他平生好客，待朋友熱情誠摯，令人難忘！民國六十六年，大千返國定居，我和他過從更多，我長他一歲，每相見便以『老兄』、『老弟』互稱，並合作書畫。」

一九八三年四月二日張大千病逝，黃君璧寫下〈張大千是非常人〉總結說：「總之大千是個非常人物，為人豪情疎爽，才華卓絕；對於繪事，無論人物花鳥蟲魚，無所不能，無所不精，對於書法、詩詞、篆刻，包羅萬象，建立一己獨特的風格，超然出塵，令人心折！」。

川中二張，情逾手足——張大千與張群

說到張大千交往之深，情誼之厚的友人，恐非張群（岳軍）莫屬了。張群長張大千十歲，四川華陽人，而張大千生於四川內江，兩人有同宗同鄉之誼。但張群一生在政界位居要津，弼佐中樞，而張大千一生不做官，追求藝術，兩人並非同道，何以情逾手足，堅比金石呢？

其實張群與張大千相識甚早，張大千在〈張岳軍先生印治石濤通景屏風序〉文中就說：「庚午、壬申（一九三〇年至一九三二年），予居上海。華陽張岳軍適為市長，相見甚歡。二人同嗜石濤八大書畫，每有所得，輒相誇示。岳軍得石濤〈寫杜詩冊〉、楷書〈道德經〉及八大寫東坡〈朝雲軸〉，頗以自矜。予得石濤〈寫陶詩冊〉、真書〈千字大人頌〉、寶掌和尚畫像；八大畫山水人物冊，意欲勝之。蓋石濤八大並以山水花卉著稱，人物獨少見。予此二冊，一卷一軸，以為絕無僅有者。爾時好事爭奇，以此為笑樂。最後岳軍得石濤所繪〈通景屏風〉十二幅，先師李文潔（案：清道人李梅庵）題為『天下第一大滌子者，生平所見實以此為最』，予乃折服。」這十二幅水墨立軸連接的通景，有小溪曲流、有虯松修竹、有奇石芭蕉，又間有蘭菊葵花，石濤擅長的粗筆細筆、山石花卉，都一一呈現，是石濤中年氣足神完的作品。而當二十多年後，張群把這份珍品影印贈之友好時，張大千對張群這種不秘諸笥箱而公之於世的做法，深有感慨地說：「……暇時偶復展視，未嘗不念石濤八大，每視石濤八大，未嘗不念岳軍。」

而張群生前接受記者黃肇珩的訪問說：「我和大千友情深厚；是喜歡他的畫，他的天才，同宗更增濃了感情。可是我更珍視的是他的性格，他的為人。」張群更指著張大千晚年（一九八二年九月）書贈給他的對聯：

金石其心，芝蘭其室；

仁義為友，道德為師。

張群說：「大千用這十六個字，間接來形容我；其實，這正是他的自我寫照。」一

抗戰軍興，張大千在北平，一度被日本憲兵隊押訊。此時在重慶贊襄中央的張群，在政務百忙之際，多方籌計，促其脫險來渝。而後張大千計畫去敦煌探古，張群又盡其安排而促成。而敦煌之行曾有毀畫盜寶之說，陳立夫曾倡議捉拿查辦，幸賴張群為之多方緩頰疏通，張大千終能以兩年七個月，潛心臨摹上自元魏、下至西夏之千年壁畫兩百七十六幅。自此張大千作畫，氣勢更加堅實雄偉，色彩更為富麗多變，畫風又為之一新。迨大陸淪陷之際，張群正在「西南軍政長官」任內，張大千能在倉促之間偕同夫人徐雯波及女兒，並攜出少數敦煌傑作及所藏部分古畫抵達臺灣，也全由張群全力安排而得遂。據黃天才書中所述，當時規定攜帶行李只能八十公斤，張大千請張群再設法，於是只好以蔣總裁機要秘書曹聖芬及空軍武官夏功權的行李為名義，搭乘蔣總裁的專機載運出來。黃天才認為「這批古書畫，後來在張大千寄蹟海外的三十多年裡，對張大千幫了大忙，大千攜同家人逃難、旅行、安家、建園及生活費等，賣他自己的畫不夠支應

時，就賣所藏古書畫挹注。」

張群一直關心張大千的健康，張大千在巴西定居，發生眼疾的幾年期間，因作畫困難，以致畫展開得少，張群最關心的是張大千的醫療所需，他表達出「疾病相扶持」的真情。一九六八年張群八十大壽，張目寒提議由嚴家淦副總統及幾位黨國大老與社會名流發起，聯名請張大千畫一幅大畫為張群祝壽。張大千畫了《長江萬里圖》並題曰：「窮十日之力而成此《長江萬里圖》，答諸君子之請，而敬公一觴也。」而到了一九八一年深秋，張大千的《廬山圖》開筆後的四個月，張群為了規勸張大千「節塵勞，慎飲食」，好好保養身體，特別鄭重其事寫了一首七言律詩，並附以長跋：「……凡在友好，均宜節省此老之精力，為國家珍惜一代之大師；而大千弟亦應該勉節樽俎過從之煩，重一身之頤養，即所以延藝文之命脈。……」愛之護之，拳拳之意，盡在筆墨間。當張群親自帶到摩耶精舍當面送給張大千時，張大千感動得流下淚來。張群又趁勢說：「大千，你的生活、習慣和嗜好，需要注意調整，我比你長十歲，因為我注意保養，健康情況比你好；你再不好好的將息，愛護你自己，說不定你比我先走，還要我來為你辦喪事……」（見黃肇珩訪問張群文）。果不其然，一年半後張大千先走了，張群以九十五歲高齡，出任治喪委員會主任委員，為老友治喪。並輓以聯曰：

五百年國畫大師，閱覽之博，造詣之深，規範軼群倫，無忝邦家稱瑰寶。

半世紀知交莫逆，憂患共嘗，藝文共賞，倉皇成永訣，空餘涕淚對梅丘！

蜀皖異地，莫逆平生——張大千與張目寒、臺靜農

二〇一〇年七月十五日，監察院珍藏一幅張大千的作品《古木松柏》，由院長王建

煊移撥給國立歷史博物館收藏，而在考究畫作來源時，意外牽出張大千與前監察院秘書長張目寒的生死情誼。張目寒（一九〇二－一九八〇）安徽霍丘人，一九一四年春，臺階仁（介人）在鎮上創辦了明強小學，韋崇文（素園）、臺傳嚴（靜農）、韋崇武（叢蕪）、李繼業（霽野）、張貽良（目寒）均在該校甲班就讀。後來張目寒到北京世界語專門學校讀書，臺靜農則到北京大學讀書，兩人經常結伴回家，過從甚密。當時魯迅在世界語專門學校授課，張目寒有幸成為他的學生，很快贏得了魯迅的信任，他先後引薦臺靜農等幾位好友登門拜訪魯迅。為了共同的追求，魯迅與這夥年輕學子成了忘年交，於是，一九二五年八月三十日，魯迅與臺靜農、曹靖華、韋素園、韋叢蕪、李霽野等六人，在北京成立了「未名社」。從特定意義上說，沒有張目寒，就沒有「未名社」。「未名社」在前後七年多時間裡，一共出版了《未名叢刊》十八種，另有未列入叢書者二種，即魯迅的雜文集《墳》和臺靜農編的《關於魯迅及其著作》。與此同時，還出版發行了四十八期的《莽原》半月刊，二十四期的《未名半月刊》。以豐碩成果贏得了現代文學史上的一席地位，成為「五四」後期的重要文學社團之一。魯迅認為，未名社「是一個實地勞作，不尚叫囂的小團體」，「那存在期，也並不長久」，然而所出版的書刊，「在那時候，也都還算是相當可看的作品」。張目寒後來先後擔任南京國民政府中央執行委員等要職，赴臺後曾任監察院秘書長，為于右任的重要幕僚。

張目寒雖非職業畫家，但卻愛好繪畫藝術。因而當時一些著名畫家，都樂於與他交往。張大千與張目寒於一九三二年前後於蘇州相識，當時張大千與其兄善子同客蘇州網師園，張目寒為座中常客，彼此切磋文藝談論書畫，張大千說：「晤言一室，往往竟夕，論書畫、論文字、論古今藝苑賢俊，遇興會處，二兄必掀髯而喜」。一九三四年張大千受南京中央大學校長羅家倫之聘，來出任美術系教授之後，張目寒與張大千很快就成為好朋友。臺靜農也是在張目寒家認識張大千的。他每次回鄉途經南京時，都在張目寒家落腳。有一次，臺靜農來張目寒家時，正趕上張大千在他家作畫。經張目寒介紹，兩位在文壇和畫壇的傑出才子就拉開了數十年交往的序幕。臺靜農四十多年後回憶說：

「有次在目寒家客廳，（張大千）一面作畫，一面同三數朋友說笑，畫一完成，即釘在牆上，看『亮』不『亮』，這是我第一次才聽到畫法上有所謂『亮』這一名詞，其實便是西畫法的『透視』。」

抗戰爆發後，張大千，避居四川成都之青城山。而此時在臺靜農也撤退到四川，在江津白沙的女子師範學院任教。在教學之餘，臺靜農開始習練書法。一次，臺靜農偶然模擬王覺斯的體勢，為書法大師沈尹默所見，他認為王字「爛熟傷雅」，不可學。後該院國文系主任胡小石，就將家藏的明末書法家倪元璐的手蹟影印本，給他臨摹。臺靜農很喜歡倪元璐的書法，習練得很投入。不久，張大千聽說臺靜農在學習倪元璐的書法，非常高興。就將自己收藏的倪元璐的五幅真蹟贈送給他。這無疑是對臺靜農的極大鼓舞。他更加用心地學習「倪字」，進步很快，成為卓有成就的書法家。

一九四六年臺靜農應許壽裳之邀到臺灣大學任教。三十年後，張大千也結束了萍蹤不定的海外生涯，定居臺灣。這時臺靜農與張大千才有了更多的交往機會。當時，張大千深居簡出，很少與外界聯繫，而臺靜農卻能經常出入於張大千在臺北雙溪的摩耶精舍。他與張大千經常聚在一起談書論畫，並常飲酒助興。臺靜農將自己從一九四〇年代開始學習倪元璐的成果展示給大千看。張大千仔細地翻閱了他的作品，十分認真地稱讚道：「三百年來，能得『倪書』神隨者，靜農一人也。」

臺靜農也喜歡繪畫，尤其喜歡繪製梅花。每逢張大千的生日，臺靜農都要給他畫一幅梅花。他對張大千說：「我畫梅花給你，不是班門弄斧。是用來表達一點心意。」。因為他深知張大千擅長畫荷花，但心中卻獨鍾於梅花，只為那種高潔孤傲的情操。有次張大千在法國辦完巨幅荷花大展後即直飛東京賞梅，張大千在給張目寒的信，就叮囑目寒「速辦理旅日手續，來東京為看梅之行，遲則梅花已過，千萬千萬」。黃天才也說，張大千在日本橫濱近郊磯子海濱的「偕樂園」牆壁上就題有：「飽飲酸香又一回，年年何事苦相猜，從今不用要盟誓，開了梅花我便來。」的詩句，可見他「癡梅」的程度了。而他晚年定居的摩耶精舍，在巨石側遍植梅花，呼為「梅丘」，身後亦將骨灰葬於此石之下。

張大千喜歡收藏古代畫家的真蹟，如董源的《江堤晚景》、《瀟湘圖》、顧閎中的《夜宴圖》、黃山谷的《張大同手卷》等，都是大風堂的至寶，對這些稀世珍寶都鈐有「東西南北只有相隨無別離」和「敵國之富」的印鑒。在他出訪異國他邦時，總是隨身攜帶，而且從不出示於他人。有一次，張大千要到日本短期訪問，帶來帶去，有些不便。於是由張目寒建議，暫時存放在臺靜農家裡。臺靜農回憶說：「我當時有說不出的惶恐，只得將這三件至寶供養在壁櫥舊衣堆裡。傳說凡寶物所在處，必有神光射入斗牛，可是在寒舍的寶物，卻沒有神光射出，也許寶物自知借地躲藏，姑且收斂，不然定有人追蹤而至。」

另某年張大千生日，張目寒為其寫了篇祝壽的賦文，但由於張大千眼疾，看不見小字，於是他去信寄去上好的手卷宣紙一卷，著目寒讓其重新以核桃大小的字書寫，然後親自點將為此卷增色。其信言曰：「寄上紙一卷乞弟（張目寒）以胡桃大小字書之，其前煩靜農（臺靜農）弟寫松一株，乞芷町兄寫竹一枝，卷前乞髯翁（于右任）題四大字，卷後乞心畬兄（溥心畬）、曼青兄（鄭曼青）各賜一詩，當永為家寶也」。中國文人之間的筆墨唱和實在風雅。

張大千以生命待友的方式之一，就是贈畫，大量的贈畫。好友的壽誕，當然要贈畫；張目寒是安徽人，於是張大千擬在他七十壽慶，贈與《黃山圖》，既感謝他多年來挹注有功，又表達彼此的金蘭之交。當時客居在八德園的張大千身體狀況十分不佳，在打鹽水針支撐下，歷經一個多月才將此長卷繪製完成。然而就在張目寒得到《黃山圖》後僅四年就患上「失憶症」，此後七年纏綿病榻。一九八〇年二月二十三日走完他的人生。噩耗傳來，張大千極為悲慟震悼，親撰輓聯錯寫三次，最後仍以寫錯重改之輓聯張掛，聯曰：

春草池塘，生生世世為兄弟；
對床燈火，風風雨雨隔人天。

而臺靜農與張目寒交情莫逆，也親撰輓聯曰：

晚歲足辛酸，一切有情皆幻滅；

平生猶昆季，不堪臨老慟交親。

張目寒故後，張大千曾有一函致臺靜農云：「目寒歿後，忽忽已十餘日，無時不在悲痛中，更無心情做小詩以哭之。昨日午睡夢見之，如在青城上清宮，猛驚悟，方始知是夢，因呼內子同往一臨弔之，不意弟已先在，相對悽然……」真情至文，讀之令人鼻酸！

一九七八年張大千的八秩大壽時，臺靜農撰寫了一篇〈大千居士吾兄八秩壽序〉。這篇「壽序」，勾勒了張大千「力挽頹風，大筆如椽，元氣淋漓，影響及於域外」的傑出貢獻，肯定張大千在中國畫壇「整齊百家，集其大成」的歷史地位。臺靜農用他擅長的隸書書寫，古樸凝重，被稱為「文墨雙絕」的傑作。一九八三年三月，張大千在醫院昏迷期間，臺靜農去加護病房探視，但覺「雖然一息尚存，相對已成隔世。」，無比傷痛。張大千病逝，臺靜農除親撰〈大千居士事略外〉，又輓以聯曰：

宗派開新，名垂宇宙丹青手；
園亭依舊，慟絕平生兄弟交。

浪花淘盡，風流人物。俱往矣，往事如煙！唯餘平生風義，令人長懷想！

雕刻家劉開渠

劉開渠

開渠的雕刻學習

談到今日的中國雕刻藝術，我們便不能不想到雕刻家劉開渠及其藝術了。因為在目前的雕刻界中，開渠的作品最多，他又能不避一切的艱難困苦，力守崗位，完成自己藝術的作風。中國文化的復興，正需要像開渠這樣堅忍自守，肯為崇高理想的追求而犧牲其他一切的世俗的人。

開渠是出生於江蘇蕭縣西南，背山面水，風景宜人的劉窰村上，一小農之家。他雖沒有書香的祖傳，寬裕的家產，但他富有中國農人的堅忍毅力，這生身之處的秀水明山，四季多變的天空與自然，賦予他以靈活的思想，銳敏的感覺，堅強的性格。他的能得讀書學藝，全是靠了他這股勇氣與不畏饑寒的忍耐毅力。「苦學成名」可說是開渠的最好寫照。他在家鄉讀了幾年書，就背了大餅兩塊，銅錢數百，隻身一人到了北京，入國立北京美術學校，隨畫家鄭裴裳習工筆畫，陳師曾、蕭謙中學山水，姚茫父、壽石工習書法篆刻，吳法鼎、李毅士練西畫，美術史家葉浩吾、鄧以蟄為他在藝術理論與歷史上的導師。這些書畫名家與學者，都是一代的宗師，思想高深，作品完美。開渠從他們那兒接受了中西美術的最好部分，與最嚴肅的工作態度。十六年夏卒業於該校（已改名為國立北京藝專），留聘為助教。學校不久給北洋軍閥摧殘封閉，開渠即赴上海轉南京。在南京得識蔡孑民（元培），蔡氏認識了開渠才學優異，乃於次年春間，派其留學法國巴黎。開渠以其深刻的繪畫功夫，攻習雕刻，在短短的兩年間，已成為巴黎美專教授法國名雕刻家T・Boucher教室中成績最好的學生。Boucher為歐洲名雕刻家，其所作之雨果立像，Augelico大理石像，Poilu石像，Fayolle元帥群像等，均共認為近世雕刻藝術上的奇花異果。以開渠悟性之高，好思之深，一經Boucher之指示，便有驚人之心得。其進步之快，就連這位老師也連連對開渠說：「像你這樣的才氣，勇於學習，才不愧為古文明大國的後代，希望你能成功，為你的祖國恢復光榮。」從這時起，他即約開渠為其個人工作室的助手。Boucher與A・Bourdelle，F. Pompou，C. Despiau，A.

Maillol為巴黎當時的五大名雕刻家，彼此之間極為友善，往還十分親密。開渠因為工作於Boucher之家，得以時常親炙他們，與他們長談。這美術環境中的大美術家小圈子，他們的言談議論，更對開渠有了不少的新啟發，解答了不少的疑問。開渠覺得祖國才是他真正可以創作的天地，中國人民的生活，才真能豐富他的作品，所以他就決然的告別了老師，法國朋友，巴黎美術界，於周遊了意大利、德國、比國等地的名都大邑，研究其都市美術，藝術作風以後，乃回到了久別的祖國。

開渠的雕刻工作

他二十三年到了杭州，在國立杭州藝專任雕刻教授。以正確的理論啟發學生思想，以嚴肅的工作態度授予青年，教學生認真觀察事物，練習技巧，務使其能有充分的表現能力與自發生的創作習慣。在教學之外，他日必工作六小時以上。二十三年起至抗日戰爭開始，他作了八十八師一二八抗日陣亡紀念塔，中央航空學校的蔣委員長立像，空軍烈士趙甫明紀念像。八十八師紀念塔兩銅像，表現深刻，生氣蓬勃，久為藝術界人士所稱道。他是從廿八年起，他在成都開始了他抗戰期中的創作工作。開渠先受川軍總司令孫震之約，為在滕縣抗日殉國的王銘章師長造騎馬像於成都的少城公園。王氏馬上揮手指令千軍，英武鎮定，令觀者對此民族英雄起無限的敬意與仰慕。像座下為四大浮刻，描寫守城巷戰的壯烈情形，此非但為雕刻藝術上一大好作品，亦為我神聖衛國戰爭留下一不朽的紀念。隨後又應成都市長余中英之約，造無名英雄像於東門廣場，像作衝鋒姿態，在奮進中有穩定，在穩定裡有躍然前縱之勢，神情勇敢有謀，真乃中國民兵之最高典型。銅像揭幕以後，不少在蓉的美國官兵，前往開渠的工作室，致賀其作品的成功；並說如若在美國，作者必成為社會共仰之人物，作品必成為國家對內對外之文化宣傳的最好材料。卅一年至卅五年，開渠先後為蔣主席造立像兩尊，一立於中央軍校，一立於航空機械學校。李家鈺騎馬像，許國璋、饒國華兩師長立像均分立於中山公園、望江樓。國父坐像與尹仲錫坐像均七尺高，前者十足的表現出一個偉大的思想家，後者雍容大方，一望而知為一德高望重的地方紳耆，這兩個銅像，一為市府所建，一為地方人士所立（立在中山與中正兩公園）。抗戰期間，在後方的如張群、居正、賀國光、鄧錫侯、劉文輝等均請開渠先後作有肖像。這些雕像均結構謹嚴，表現深刻有力，就與羅馬時代，文藝復興期中最好的雕像相較，也不遜色。至去年來滬止，開渠在川共製大小作品，在五十件以上。他離蓉前完成之浮雕「農工之家」，尤為中國雕刻藝術上一劃時代的巨製。開渠生長於農村，對於農村生活，耕種情形，最為熟悉與同情。當其第二次回國立藝專任教時，住重慶青木關的農人家中。對景生情，即計劃以中國農村生活為題材，創作各種形式的雕刻品，為中國雕刻藝術開一新途徑，立一新紀元。這座浮刻即是計劃之一，中間農婦係以他的太太為模特兒，三幼童為其三位女兒，面對農婦，作微笑狀之石工，即開渠自己的寫照。對題材的熟悉，對人物的愛情，對藝術的崇高理想，使開渠在這兒得到了最完滿的成功。

開渠的藝術作風

開渠既是飽受中國美術教育，而又從歐洲名家學習過的人，所以他的作風，是在東方裝飾趣味中，含有西方的寫實精神。裝飾趣味使他的作品在整體上，能極為調和，極為勻稱，富有理想主義的色彩，得與一切的建築相和諧。寫實使他的作品不浮淺，有力量，生命活躍，避免中西美術品上最易發生的千篇一律。這種嶄新的作風，可說是一種新的理想主義或新的寫實主義。如成都〈無名英雄像〉，〈孫中山先生像〉，〈農工之家〉，〈農忙〉，〈張群像〉，及最近替上海交通大學恭綽館所作的〈葉恭綽像〉，均是開渠藝術作風的代表作。

開渠的生活

戰爭期中，他一直住在四川。除在重慶任教的一年外，這悠長的苦難歲月，他全消磨在他成都的潮濕的工作室中。

凡在成都住過的人，沒有不知道劉開渠的名字的，但開渠這個人卻很少有人見過他。他白天總是關在工作室裡，只是到了晚上，他才出來到附近的小茶館裡參雜在那些也是來舒散一日辛苦的苦力人中間，吃一杯清茶，回想回想這一日的工作。開渠為人沉默寡言，不善交遊，常常走到了朋友家的門口，又轉頭回了工作室，好像是只有他的工作室，才是他的王國，他的天地，只有他的大小群像才是他的社會，才是他可以相對放情談笑的朋友。自然在這小小的天地中，有一位是他片刻不能離，一言可以增加他的勇氣，一笑可以解除他的煩惱，一段溫情可以慰他疲勞的，就是他的活潑可愛，能繪畫，能歌能唱，了解他的藝術伴侶——程麗娜夫人。

新路程的開始

開渠在抗戰中，一日未停的工作了八年，他是充分的完成了他這段路程上的雕刻藝術使命。開渠去年應上海市工務局長趙祖康之約，到了上海，想為上海市的美術建築方面做些工作，也是他又開始他在這勝利後的雕刻藝術新路程。

「開路先鋒」趙祖康

趙祖康

我國最近二三十年來，埋頭於科學及從事實際建設的權威，已有不少的人才出現，如丁文江、翁文灝的地質學，高魯、張雲的天文學，劉復的音韻學，李四光、丁燮林等的科學，李儀祉的水利，茅以昇的橋梁，曾養甫的特種工程，趙祖康的公路等，都有驚人的業績。尤其是在抗戰期間，特種工程（飛機場）與公路，適應時代的迫切需要。關於機場，是屬軍事關係，暫時不談，先來一談「開路先鋒」松江趙祖康吧。

中國公路之正式有中央主管機構，是在民二十一年的全國經濟委員會公路組（後改處），當籌備期間，趙因由美回國不久，即擔任工作，一直到今日，他雖然是主持滬市工務，他還是與公路有直接關係。雖然機構迭次改組，但他沒有一天離開過公路機關，算來也有十六年的悠久歷史了。

他主持中央公路事業，工程與運輸，建立了中國公路的基礎，截至現在止，全國公路，除了因軍事破壞之外，現在能夠通車，從西南到西北，由邊疆到腹地的大動脈，就有八萬公里左右（等於四萬四千英里，十五萬華里）這個數字有些是戰前修築，但大部分是在戰後修成或改善的。

他不只是坐在辦公室裡主持行政，他常是親到工地去踏查，去督工，去視察。他出身唐山交通大學，畢業第一名，由政府派送到美國康乃爾大學再求深造。歸國以後，數次奉命出國赴歐參加國際道路會議，任國家的代表，考察交通，足跡遍歐美，所見益廣，學問經驗，兩皆進步。二十七年秋，啣命赴美，訂購大宗交通工具，以應軍運，目下內地駛行各地的汽車，尚有許多是這個時期購入的。

一個孳孳矻矻的科學家，經濟建設家，最不願意的是宣傳，他也在例內。十幾年來，他只是兢兢業業的造路工作，關於交通的管理，牌照的統一，試驗路的研究，運輸人員的訓練，技術人員選派出國的考察實習，液體燃料的化驗，督察工程的實施，與民眾團體合作促進路政，自造汽車的提倡，公路圖書刊物的編印，工程器材的自製，公路名詞的擬訂等，十六年來，均有相當的成就。這成就，自然不是他個人的一手一足能夠成功。但是，他是公路界的實際主政者，這些成績，有許多是由他親自計劃、督促、提挈、綜持而走上成功之路的。一個偉大人物的事工成就，必有他一貫的中心思想，或則標舉出幾個原則，來作做事的圭臬。他在入社會做事之先，冥思熟慮，把三刀奉為一生做事的鵠的。所謂三刀就是「刻苦」、「切實」、「容忍」六個字。（刻、切、忍三字，都藏有刀字。）刻苦是對己，切實是對事，容忍是對人。換句話說，對己要刻苦，則所有物質條件，怎樣困難，都不感到苦痛。物慾引誘，不能搖動身心。對事要切實，決不肯有些草率從事。負責任，守法令，做事的根本。對人要容忍，那就橫逆之來，平心氣靜，開誠相見，一切誤會，自然消除。這是他服務從公的原則。於此，便知道他事業成功的由來了。

照一般的說，技術人員，多忽略文學的素養，因為文科與術科，是不同的。他卻不然，他不特善於寫作長篇的論文，舊體詩也能吟詠，春秋佳日，時約詩友雅集，拈韻唱和歡會。原來他是書香子弟，自幼即愛好文學。公餘，手不釋卷，古今中外的圖書，都好博覽，月中個人所消耗的，買書錢是佔了大部分。生活有規律，起居有定時，時間守約，潔己奉公，因此造成他公路建設界的美德。前年國府特頒獎章，獎勵他的勳勞。而他呢，絕不向外間有過一點宣傳。我們坐著風馳電掣無遠弗屆的公路車，應該記著這一位「開路先鋒」。

「六不將軍」陳孝威

陳孝威

「臺留燕趙悲歌地；室有羅邱問訊書」，這是閩侯陳孝威（向元）自撰的聯語，也是他生平效忠國家蜚聲國際，最足以自豪自慰的寫實。陳氏在抗戰期間，站在軍略家的地位，拿著一枝筆，鞭辟入裡的發揮他對於中日戰爭的結果，對於世界戰爭的趨勢，有高瞻遠矚的判斷，同時實行他的國民外交，與盟軍的英美最高當局取得密切聯繫，這不只是陳氏個人料事如神的成功，也是國家民族的成功，在他生命史上值得記載的一頁。

陳氏的出身，是由福建陸軍小學，升南京陸軍中學，轉入北京清河陸軍第一預備學校，而畢業於保定陸軍軍官學校第二期砲科。在抗戰開始，又入陸軍大學特四期，再求深造。在他的學歷上，是一步一步的向高深研究，可說是軍事的全能將才。

他在保定軍校同期的同學，有劉峙、劉文輝、秦德純、祝紹周、王冷齋、廖磊、張任民、陶峙岳等，二十年來，在軍界中都有相當的建樹。他呢，也迭膺軍政要職，民十五，蘭封之役，率部隊一萬八千之眾，用左旋迴的大軍作戰法，擊破敵軍數十萬，因此，名震黃河南北。是役因軍功擢升直隸泰寧鎮守使，兼第七軍援軍總司令，陸軍第七軍參謀長，第二十師師長，一身兼任數職。接事之初，宣布用：「不怕死、不愛錢、不忘本、不枉法、不妬能、不畏難」六信條來治軍。對地方呢，是：「不加徵地方一稅、不妄動官吏一人、不私攜公物一絲、不苟取民財一介、不輕伐山陵一樹、不浪費府庫一錢。」果然，他自接事而至調職，真是能夠實踐誓言，於是「六不將軍」的徽號，遍傳遠近，至今還流為佳話。當他率師北移，地方各界集資在福山築臺，紀念去思，「臺留燕趙悲歌地」的上聯，是由此而來的。他本人也有〈去思圖〉，當代的詩人詞客題詠的百多人，都屬一時佳作。

抗戰前夕，對日問題，究竟如何應付，舉國上下，聚訟紛紜，莫衷一是。而日閥呢，氣燄逼人，得寸入尺。陳氏目擊時艱，特創辦《天文台》半週評論於香港，一方面是借刊物來發揮他的抗戰理論，喚起國人的注意；一方面用筆槍墨砲向敵人進攻，意義是非常重大深厚的。他的刊物，國內各軍政機關多視做重要的參考資料之外，他的社論，海外各報多有轉載，供給讀者認識國際、軍事、政治的動向。這一張定期的小型報，用一句俗語來說，「確實出過大風頭」，直到香港戰事發生後才停止。但是過了一些時期，陳氏間關到達重慶，把他恢復起來，最近又在上海出版。

「室有羅邱問訊書」，這是陳氏生平最得意的事了。廿八年十一月他遊歷菲律濱，和美國駐菲陸軍總司令格蘭中將以次各軍官，相與暢談數次，美軍中人了解中國抗戰軍事實況，這是一個開端，其後美駐菲陸軍官舉行座談會，六位上校輪流提出國際形勢與中國抗戰問題三十五問，他即席逐一的詳盡答覆，可和《三國演義》所記「諸葛亮舌戰群儒」的後先輝映。

當抗戰初起，陳氏因與李宗仁、白崇禧是同學而兼僚屬關係，追隨戰區很久。有一天，白氏和他談話說：「當年意大利的復興，靠著馬志尼、加富爾、加里波的三傑，分工合作。你是善寫文章的，敢以馬志尼相期許，我當效命沙場，做你的後盾，深願各人發揮自己的所長，來完成中國復興的使命。」是的，陳氏久經戰陣，精通新舊兵法，古今歷史，中外情勢，能夠運用文字，著作長篇，抽絲剝繭般發揮透闢。白氏的話，適合他的身分。廿九年十月，發表〈德、意、日對英對蘇對美作戰案判斷〉一文，內有向美總統羅斯福建議：擴大售艦租地於南太平洋，並以物質援助中國，充實遠東反侵略戰力。羅斯福大加贊許，覆信致謝。美陸軍部長史汀生（Henry Lewis Stimson），讀他的文章，詫為奇才，覆信說是「願予保存，作為陸軍部的參考」。他因此賦詩誌感，譯成英文寄呈羅斯福。同時徵求海內外詩人和章，歷時數月，得三百多首，印成《太平洋鼓吹集》，是抗戰期中的文字因緣。國府主席特電嘉獎，說是：「力贊抗戰，著績宣傳。爭國際之同情，褫敵奸之膽魄。理明詞快，嘉慰良深」等語。到了三十年六月廿二日，德軍開始攻蘇，他所判斷的話果然中了，美國人士更加驚佩。廿九年九月十四日，所寫〈論大不列顛之戰〉，英國邱吉爾覆信「深致佩服」。香港總督岳桐說他「富有英才，精於觀察」。可見他所論列的戰略戰術，能和首相相默契沆瀣一氣了。

在上兩篇文中，他料定德必攻蘇，日必南進，當時他胸中早有「會師東京」作戰立案的想定。三十年十二月八日，日閥發動太平洋戰爭，那時他在香港，陷身敵區，敵人數次強迫他出任要職，他卻化裝逃入桂林。在卅一年四月廿四日，公開演講「會師東京」，議論警闢，傾動一時。徐悲鴻特繪〈會師東京圖〉相贈。他所寫的會師東京歌，「登彼富士山兮擒其王，三罪咸服兮我土重光，四海兄弟兮自由無疆」。頗有劉邦大風歌的氣概。文友題詩的也很多。三十四年夏，即日本未投降之前三月，他觀察國際形勢，深知蘇聯對於遠東戰爭必定參加，因寫〈由敵寇點線面體之最後部署說到盟邦美國所應選擇之最後作戰方針〉，這不啻就是美軍攻日的戰略了，後來美軍進攻日本，十之六七是和陳氏此文所論述的相同，不愧是一個戰略家了。

英國大使館秘書艾爾登在民三十四（一九四五）年八月二日覆他的信有說：「余奉全權大使命，謹奉書孝威先生閣下：先生前致邱吉爾先生六月十四日函，已經收悉，邱吉爾先生對閣下之親切來函，深為感動，並對閣下保證迅速擊潰日本，必如所願也」。

日本投降了，陳氏供獻國家，供獻盟軍的戰略，實在異常偉大，他所得到的是什麼呢？在重慶，有一天，他和我談到日本的投降，高興極了，他頻說：「早已料到的事，幾年來對於戰事的細心觀察分析，而判斷軸心國的結果，與夫盟軍所應取的戰略，責任已盡了。所可惜的，盟軍管理日本，而首倡會師東京的我，竟無機緣到東京，一看失敗後的日本，實在感到莫大的憾恨了」。去冬，國民大會開會，國府任他為社會賢達的代表，供獻也多。國府頒發勝利勳章，政院的獎函有「榮獲盟邦讚譽，頗著績效，佩慰殊深」等語。這些，就是在日本投降之後他所得到的安慰了。

他日常生活很澹泊，不沾染菸酒，和朋友談天，滔滔不絕，從個人生活而至國家大事，國際形勢，都有他獨到的見解。廣交遊，不限於什麼階層，都可以談得上，愛才如命，嗜書成癖。研究軍事、政治、經濟、國際等問題，都一絲不肯放過，務要把他得到一個結論為止。立志遠大，自信力卻極強，我們看他在國民大會所填的履歷表裡的志願，不啻是他的自傳概略，更可以知道一般了：

余之人生觀，歷史重於生命，坐廢廿年，安之若素。世但知余能寫能說，殊不知余為篤實踐履之人。曩為鎮守河北泰寧，以不怕死、不愛錢、不忘本、不枉法、不畏難、不妬能六事自律，三月政成，夜不閉戶。爾後僑居香港，創辦《天文台》半週評論，憑一枝筆，一張紙，鼓吹抗戰必勝，奠立必勝信心。倭寇視為勁敵。間曾從事國際宣傳，以建議擴大售艦租地於美國總統羅斯福先生，得其贊許，於是有『租借法案』之提出，不可謂無貢獻於世界。使余有尺寸憑藉，則貢獻國家民族與世界，或不止此。余雖未入黨，但忠於國家，忠於主義，忠於領袖，有數百萬言文字可證。今世界危機，猶未消逝，而國家應付未來事變，不能不從「政治民主化，軍隊國家化」為起點。余年雖五十有四，精力如三十許人，使於憲法公佈之後，獲參加中央或地方實際工作，庶有以證余之自述為非誣也。

民廿一，鄭孝胥叛國，出走長春，參加偽組織的時候。陳氏寄居天津，鄭特託駐津日領轉電，誘他出關膺任要職。他置之不理，星夜南下。民三十冬，香港陷敵後，日閥也多方設計的誘他出來任事。他也拒絕，避匿陋室中，幾次約我密談今後的行止，於是我們決定靜悄悄地先後隻身離港，返到祖國的懷抱裡。這是他識是非，明順逆，有堅決信念的表示。

他寫作治學的餘暇，好吟詠，鎮守泰寧時，登荊軻山憑弔，一時感觸，發為詩歌：「智勇匹田單，哀歌傷心肝。長城胡自摧？愚哉太子丹！刺秦誠下策，餘烈空桓桓。撫碑風蕭蕭，有客淚汎瀾」。一般讀此詩的只見是拔地劈空，風格遒上而已。而不知深惜太子丹的愚戇，沒有方法善用荊卿，如齊之田單，未始不可復仇，想靠著匹夫之勇，刦持秦皇，這不是智者的所為了。

他在民三十，送羅斯福的詩原文是：「白宮三主承明席，砥柱終迴逆水流。降此鞠凶人擾擾，賢哉元首政優優。干戈到處洶群盜，日月無私照五洲。要膾鯨鯢濟滄海，八方風雨感同舟」。詩題是〈美利堅大總統羅斯福先生讀余去歲十月七日論文賜函獎飾輙酬一律賦謝〉。春間在南京晤司徒雷登賦贈：「九龍握別到而今，烽火彌天雁訊沉。

弟子河汾皆國士，故人京洛半知音。會師江戶空陳迹，戮力神州共此心。卻喜白門迎使節，和平一語是南鍼」。鼎嘗一臠，可例其餘了。

婦女運動先鋒張竹君

張竹君

談到中國的婦女運動，和實行爭取獨立自由，服務社會國家民族的先鋒，張竹君女醫師，可以當之無愧了。我們談到這位女革命家張竹君，可先從馮自由的《革命逸史》第一集裡提到她的逸事有兩處，摘錄於下：

辛丑（一九〇一年，按即光緒二十七年）壬寅間，女醫師張竹君在河南南福醫院開演說會，倡辦育賢女學，為廣東女學之先聲。一時新學志士，多奔走其門。隱然執新學界之牛耳。胡漢民與程子儀、朱通孺三人贊勷最力，《嶺海報》不啻為張之宣傳機關……

……時《羊城報》記者莫任衡有〈駁女權論〉一文，胡漢民因與女醫師張竹君相善，張素以提倡女權自命，漢民乃訪《亞洲報》主筆謝英伯，相約擁護女權，同向《羊城報》反攻，英伯極贊成。

馮氏文中所說河南，是指廣州市珠江南岸的地名，不是豫省的河南。張在清光緒二十七年辛丑（一九〇一）開辦女學，比之清廷學部頒布女子師範學堂和女子小學章程，早了六年。即比張百熙奏定男學堂章程，也早了一年。這樣，不能不說她是提倡女子新教育的先鋒。

中國女權運動，在大體說來，從「五四」以後，開始播種，到了民國十一二年，北平、上海等地才有女權運動團體的公開組織。張氏呢？他在民國紀元前十一年，已經從事「提倡女權」。在報紙上公開討論與宣傳了。婦女運動的華路藍縷者，要推崇這位張醫師了。

張醫師，是廣州番禺人，她原是顯宦的女兒，家資富有，信仰基督教理，曾在教會女塾讀書，對於普通知識，在青年時期，已經飽滿，立志遠大，服務社會為職志。投入廣州博濟醫院，學習新醫，努力研究。醫科畢業後，認定行醫為她自己畢生事業，到了七十以上的高齡，還是行醫。「活人無算」這四個字，可以做她一生行事的考語。

她自青年，當「女子無才便是德」，「三步不出閨門」，是婦女懿範的時代，她卻拋頭露面，天天在外邊奔跑。她的家庭，富有資產，她出外，常坐著三人抬走沒有轎簾的籐兜。頭上梳了一條「大鬆辮」，腳上穿了一雙青鍛面學士裝鞋，有時並把兩腳向前踏在轎槓上，人身和腳差不多成了一字形。這樣姿勢，本來很不雅觀，尤其在熱鬧的市街，往來穿插，前呼後擁，一般人見著，多目逆而送，或者加以蔑視的不良批評。她是滿不在乎，處之泰然。她說：「人生要求自由，男子可以梳大鬆辮，穿學士裝鞋，婦女為什麼不可以！男子坐籐兜（轎子），可以把腳提高，踏在槓上，婦女為什麼做不得！做了，又譏評她是『男人婆，招搖過市』。我要做男女平權的運動者，一切以身作則，要打破幾千年來禁錮婦女的封建枷鎖，把不平等的舊思想，惡習慣，徹底掃除。那些頭腦冬烘，思想陳腐的禮教奴隸，我要和他們搏鬥，替女同胞殺開一條新路。那麼，任何非議詆謗，任何恥辱犧牲，我都是不管的。我是基督徒，基督都能從容上十字架，我必步著他的後塵，替女同胞盡力，和惡劣勢力鬥爭，至死不變。」

這一番話，在十七年前，我們有一次談天，她向我追述的。我們把她的話想想，便可以知道她青年時期，一般志士叫她做「婦女界的梁啟超」的所由來了。

光緒二十六年，廣東發生大水災，各界籌款振濟，舉行賣物賑災會。在那時的社團公開演講，是晨星般零落，人們都感到新奇，男子登臺固少，女子更難談得到了。她在人山人海的賣物賑災會裡，大聲疾呼，口如懸河的演說，激發觀眾的熱願，解囊相助，一連十天，直到閉會之日才停止。這次的收入，得了十多萬元，事後各報紙一反以前對她嬉笑的態度，共同頌揚這次籌款，十之八九的力量，出於她的任勞任怨不辭艱辛的宣導能力，才能得到這樣空前美滿的成果。

她在博濟醫院畢業後，除了自己開業行醫外，同時創辦女學堂和服務社會工作，常常借在教堂講道，連帶鼓吹革命。每次演講，胡漢民、馬君武、程子儀、朱通孺們，多數來參加。因為既辦醫院，又在教會擔任些義務工作，得了掩護，黨人們靠她勛助合作活動的事很多。後來民國成立，她功成不居，還是做醫師業務，不多談以前從事排滿運動的勞績。這點，「行而無著」的修養，的確值得青年的模楷，也是總理所昭示「青年人要立心做大事」的實行者。

在前清末葉，她因中國赤十字會的聘請，到上海主持醫務，同時，她自己也開設醫院，繼續她的服務工作，當時上海紳耆李平書等非常贊助她。辛亥秋天，革命黨人在武昌首義，可惜當時幹部的黨人多不在場，弄得群龍無首，鄂都督黎元洪又不是黨中同志，當事的手足無措，軍事政治，紊亂不堪。黃興當時由香港趕到上海，敵人的奸細，異常活動，行動不敢過於冒險，恐怕因小失大。恰值張醫師組織赤十字救傷隊，率領醫生及救傷員數十人，由上海乘江輪出發，實行救護工作。事先和黃氏商好，化裝混入隊伍，逃避清兵檢查，掩飾奸細的注意。果然，一帆風順，九月初七日，黃氏得著安全抵達漢口，躬親策劃，指揮一切。這個故事，是在一次她約了馬君武、江天鐸、王秋湄、馮文鳳和我們幾個人，在她上海餘姚路寓所吃晚飯。當著天上一鈎新月，涼風習習，她卻娓娓細訴她的生平。

她是一個熱忱的基督徒，她居留在上海多年，感覺旅滬的宗主同道們，還沒有中華基督教會宗的教堂，對內的「主日崇拜」，對外的傳道，都缺乏固定處所，很不方便。於是約同鄺富灼、歐彬們，創建教堂，並辦郇光學校，教育教會內外的兒童。發起時，她獨捐數千元，再從事各方勸募，群策群力，卒告成功。在橫浜橋北成立了三十多年。

記得民國十三年，她和伍廷芳的夫人何女士，因事由上海返廣州，這次不是乘郵船，而是坐由滬直達廣州的輪船，船駛到中途，差半天左右即可到香港了。忽遭海盜洗刦。盜匪數十人，在船上搜查了十多小時，船主乘客，所有貨物財寶，刦掠得一乾二淨。但匪首巡視到官艙的時候，在文物上發現她兩老人家是張竹君與伍老太時，立即向她倆道歉，聲言事出意外，難免驚恐，務乞寬恕。並即傳知所有嘍囉，如有在此房間攜出若干衣物，馬上盡數交還，不得有些損失凌亂。同時派了兩名匪徒，在房門口守衛保護，嚴禁其他匪徒出入騷擾。盜魁再把張醫生、伍老太的姓名，向船主和乘客們宣佈，說是廣東婦女界的先進，伍博士功在國家，我們絕對不敢驚擾她，借此來表示一點尊賢敬老的心意。其實盜魁這樣的當眾宣佈，最深切的意義，卻是等待他們呼嘯而去之後，船主客人們不要誤會張等是和海盜們勾結，或有些什麼瓜葛，免使惹出糾紛，令張等受過。海盜這樣做法是識得大體。「盜亦有道」一句話，在某一個時期，有時也可以見聞得到，然而她倆的使人愛戴，也可見一般了。

張醫師為著獻身社會服務，終日忙碌於工作，絕不留意到個人的「終身大事」，無論何人問到她結婚的時候，她必淡淡然的說：「待事業成功，才談到組織家庭，未為晚也」來答覆。但她又絕不是獨身主義的實行家，在六七十歲，人家有問及她的婚姻，她還說：「下月結婚也說不定，但是目下還是找不著相當的配偶。」這些話，雖屬帶點幽默成分，事實上也是如此。

《革命逸史》第二集，談到張醫生的青年戀愛史約略有說：

竹君往還諸富紳中，有盧賓岐者，其子少岐少有大志，與竹君相談時事，過從至密，因有定婚之議。少岐久擬東渡求學，厄於家庭不果，賴竹君慨然假以旅費，乃得成行。少岐去後半載，竹君與盧府中人發生嫌隙，遂與少岐日漸疏遠，婚約無形解除。同時桂林馬君武，從廣西至粵，攻讀法文，聞竹君在教會演講福音，語涉時政，異常崇拜。自是福音堂佈教，恆有馬之足跡，漸露愛戀之意。少岐遇之，輒視為情敵。一日，馬在張之客室，取去張之持扇，張四覓無著，旋得馬之求婚書，情詞懇切。張不能從，乃以「素持獨身主義」一語卻之。未幾，馬赴日求學，嘗作〈竹君傳〉，登諸橫濱《新民叢報》，譽揚備至。附詩有：「女權波浪兼天湧，獨立神州樹一軍」之句。時胡漢民尚在廣州，備知其詳，嘗語人謂此一幕劇，為「驢馬爭獐」。可說是謔而又虐的評語。

十年前，中山大學教授徐甘棠和羅秀雲女醫生在上海舉行婚禮，徐羅年紀，都在六十歲以上。鄺富灼、張竹君分任男女嬪相，四個白髮滿頭的新郎新娘，伴郎伴娘，在賓客熱烈慶祝中，真是喜氣洋洋，充滿東亞酒樓的大禮堂。

她雖然七十多歲還沒有結婚，但是在她的家裡，尤其是星期日或公共假期，一班男女少年，喊她「爸爸」的，總有二十人左右，不知的必估量她兒女繞膝，敘天倫之樂事；詎知事實不是如此。原來她的兒女們，都是領來撫養的孤兒，或是在醫院生產遺棄的嬰兒，或是朋友們家道中落無法養育的孩提送給她的。因此一來，二三十年間，便有二十多人，她是盡心竭力的僱請乳媽保姆去撫育這批孩童。到了學齡，教他們讀書，有好幾位已經在大學或專科學院畢業了，有些還在中小學級讀書。每年這筆教養費，也夠可觀呢。她對他們絕不當作奴婢般看待，她要替國家培育良好的國民，等到他們能夠自立，她才安心。所以她要這一批男女少年叫她做「爸爸」，是因為只有撫育教養的責任，沒有經過孕育的辛勞。

她從事社會服務，盡忠黨國的工作，四十多年，她最大的慰安，是些什麼？艱辛劬勞了一生，所得的報酬，又是些什麼？十年前我也曾問到她，她只是笑口吟吟不經意的說：「我還年輕呢，我要做的事業還多，我的責任還沒有盡呢！一息尚存，我該為社會、為國家、為上帝來盡我的應盡的力量！」志大願宏，老當益壯，怎不令青年人深深地佩仰！

Do人物38　PC0531

晚清民國名人志
——從康有為到張大千

原　　著／陸丹林
主　　編／蔡登山
責任編輯／辛秉學
圖文排版／楊家齊
封面設計／蔡瑋筠

出版策劃／獨立作家
發 行 人／宋政坤
法律顧問／毛國樑　律師
製作發行／秀威資訊科技股份有限公司
地址：114 台北市內湖區瑞光路76巷65號1樓
電話：+886-2-2796-3638　傳真：+886-2-2796-1377
服務信箱：service@showwe.com.tw
展售門市／國家書店【松江門市】
地址：104 台北市中山區松江路209號1樓
電話：+886-2-2518-0207　傳真：+886-2-2518-0778
網路訂購／秀威網路書店：https://store.showwe.tw
國家網路書店：https://www.govbooks.com.tw

出版日期／2015年8月　BOD一版　**定價**／400元

獨立作家
Independent Author
寫自己的故事，唱自己的歌

晚清民國名人志：從康有為到張大千 / 陸丹林原
著；蔡登山增訂. -- 一版. -- 臺北市：獨立
作家, 2015.08
面； 公分. -- (Do人物；38)
BOD版
ISBN 978-986-5729-97-4(平裝)

1. 人物志 2. 清代 3. 中國

782.17 104012687

國家圖書館出版品預行編目

讀者回函卡

感謝您購買本書，為提升服務品質，請填妥以下資料，將讀者回函卡直接寄回或傳真本公司，收到您的寶貴意見後，我們會收藏記錄及檢討，謝謝！如您需要了解本公司最新出版書目、購書優惠或企劃活動，歡迎您上網查詢或下載相關資料：http:// www.showwe.com.tw

您購買的書名：____________________

出生日期：________年________月________日

學歷：□高中（含）以下　□大專　□研究所（含）以上

職業：□製造業　□金融業　□資訊業　□軍警　□傳播業　□自由業
□服務業　□公務員　□教職　□學生　□家管　□其它____

購書地點：□網路書店　□實體書店　□書展　□郵購　□贈閱　□其他

您從何得知本書的消息？

□網路書店　□實體書店　□網路搜尋　□電子報　□書訊　□雜誌
□傳播媒體　□親友推薦　□網站推薦　□部落格　□其他________

您對本書的評價：（請填代號　1.非常滿意　2.滿意　3.尚可　4.再改進）

封面設計____　版面編排____　內容____　文／譯筆____　價格____

讀完書後您覺得：

□很有收穫　□有收穫　□收穫不多　□沒收穫

對我們的建議：____________________

____

____

____

請貼
郵票

11466
台北市內湖區瑞光路 76 巷 65 號 1 樓
獨立作家讀者服務部 收

（請沿線對折寄回，謝謝！）

姓　　名：＿＿＿＿＿＿＿＿　年齡：＿＿＿＿　性別：□女　□男

郵遞區號：□□□□□

地　　址：＿＿＿＿＿＿＿＿＿＿＿＿＿＿＿＿

聯絡電話：(日) ＿＿＿＿＿＿＿＿ (夜) ＿＿＿＿＿＿＿＿

E-mail：＿＿＿＿＿＿＿＿＿＿＿＿＿＿＿＿